中共成都市委党校"学习贯彻习近平总书记来川视察重要资助项目，项目编号：E-2023-ZD003。

天府蓉光

成都建设世界文化名城研究

方贤洁 等 著

中央党校出版集团
国家行政学院出版社
NATIONAL ACADEMY OF GOVERNANCE PRESS

图书在版编目（CIP）数据

天府蓉光：成都建设世界文化名城研究 / 方贤洁等著. -- 北京：国家行政学院出版社，2024.11.
ISBN 978-7-5150-2906-1

Ⅰ.F299.277.11

中国国家版本馆CIP数据核字第2024WV2203号

书　　　名	天府蓉光——成都建设世界文化名城研究
	TIANFU RONGGUANG——CHENGDU JIANSHE SHIJIE WENHUA MINGCHENG YANJIU
作　　　者	方贤洁 等 著
统筹策划	陈　科
责任编辑	陈　科　曹文娟
责任校对	许海利
责任印刷	吴　霞
出版发行	国家行政学院出版社
	（北京市海淀区长春桥路6号　100089）
综 合 办	（010）68928887
发 行 部	（010）68928866
经　　销	新华书店
印　　刷	北京九州迅驰传媒文化有限公司
版　　次	2024年11月北京第1版
印　　次	2024年11月北京第1次印刷
开　　本	170毫米×240毫米　16开
印　　张	13.75
字　　数	193千字
定　　价	48.00元

本书如有印装问题，可联系调换。联系电话：（010）68929022

前　言

全面推动习近平总书记来川视察重要指示精神在蓉落地生根见行见效

文化是一个国家、一个民族的灵魂。

党的十八大以来，以习近平同志为核心的党中央在领导党和人民推进治国理政的实践中，把文化建设摆在全局工作的重要位置，不断深化对文化建设的规律性认识，提出一系列新思想新观点新论断，从中华民族永恒精神追求的深度传承文化，从开创人类文明新形态的高度发展文化，从"飞入寻常百姓家"的广度普及文化，创造了文化传承固本开新的宏大格局，开启了挺立文化主体性的壮阔征程。2023年10月召开的全国宣传思想文化工作会议正式提出并系统阐述了习近平文化思想。习近平文化思想丰满了新时代党的重大理论创新成果，是党在宣传思想文化领域提出的系统论断与战略智慧，对于深入推进中华民族现代文明建设具有里程碑意义。作为习近平新时代中国特色社会主义思想的文化篇章，它为新时代文化建设如何开展、怎么开展提供了价值遵循、逻辑理路、实现目标，具有里程碑意义。

2023年7月25—26日，习近平总书记分别考察了位于四川省广元市、德阳市的翠云廊古蜀道和位于广汉市的三星堆博物馆。从古道旁人工古柏树林的"三百里程十万树"到历史文化遗址"沉睡三千年，一醒惊天下"，习近平总书记抚摸着的是传承千年的中华文脉，关切着的是历史文化传承的时代新意。2023年7月28日，在成都第31届世界大学生夏季运动会开幕式欢迎宴会上，习近平主席指出，成都是历史文化名城，也是中国最具活力和幸福感的城市之一。欢迎大家到成都街头走走看看，体验并分享中国式现代化的万千气象。可以说成都的现代化既兼具了中国式现代化道路的五大特征，又散发出文化、生态、幸福、善治的独特魅力。

成都千百年来传承的天府荣光既是中华文化源远流长的时代脉络，又是这座城市赖以存续的最基本、最深沉、最持久的力量，它既属于多元化的中华文化，又孕育出独具特色的天府特点，为加快建设彰显天府文化特色的世界文化名城贡献了恒久力量。

本书将切实把思想和行动统一到习近平总书记来川视察重要指示精神上来，从当下成都世界文化名城建设的打造方式、打造路径出发，系统梳理成都在打造世界文化名城进程中的有效举措，提出亟须提升的面向与优化方式。为进一步坚定文化自信，奋力谱写中国式现代化万千气象的成都篇章提供借鉴参考。

第一章，系统阐释了建设天府文化特色的世界文化名城相关理论。通过文献阅读，厘清世界文化名城的概念内涵、类型特征，并通过爬梳历史脉络将成都用天府文化打造世界文化名城的深厚底蕴娓娓道来。本章将重点对新时代中国特色社会主义文化创新理论助力成都世界文化名城建设进行论述，从坚定文化自信、推动中华优秀传统文化创造性转化和创新性发展、繁荣文化产业和文化事业、讲好中国故事等方面展开论述。

第二章，横向对比了国内外世界文化名城打造概况。通过他山之石的典型案例与经验总结，来分析不同文化特质的城市在世界文化名城打造过程中的差异化路线，汲取优长方能快速成长。

第三章，重点剖析天府文化的历史脉络，从古蜀文明到天府文化、从生态基底到人文底蕴。有了这份历史沉淀,方能赓续天府文脉。

第四章,将天府文脉的现代保护作为抓手,展开一幅当下正在描绘的历史文化遗产保护画卷。从物质文化遗产的保护与活化到非物质文化遗产的展陈与传承,成都点、线、面系统的创新思维立现。

第五章,展现了当下成都在文旅产业发展中对天府文化的空间再塑造。新业态的不断涌现使得成都这座具有烟火味的幸福城市跃然纸上。

第六章,通过梳理成都"历史文化名城"形象的国际传播现状,结合民众调研问卷,真实展现出讲好天府故事的实践效应,为加快建设彰显天府文化特色的世界文化名城提供客观视角。

第七章,通过以上对天府文化的历史渊源、世界文化名城的打造进行实践梳理,系统性提出优化路径。

目 录

第一章 建设天府文化特色的世界文化名城理论阐释
第一节　世界文化名城的内涵与类型 …………………………… 2
第二节　用天府文化打造世界文化名城的成都 ………………… 10
第三节　新时代中国特色社会主义文化创新理论助力成都世界
　　　　文化名城建设 …………………………………………… 17

第二章 他山之石：国内外世界文化名城打造经验
第一节　国内部分城市打造经验 ………………………………… 33
第二节　国外部分城市打造经验 ………………………………… 43

第三章 历史赓续：成都世界文化名城建设中的天府文脉
第一节　从古蜀文明到天府文化 ………………………………… 62
第二节　天府文化的生态基底 …………………………………… 72
第三节　天府文化的人文底蕴 …………………………………… 88

第四章 文脉保护：成都历史文化遗产的保护与更新
第一节　文化遗产保护的时代内涵 ……………………………… 95
第二节　成都物质文化遗产保护利用的案例经验 ……………… 103
第三节　成都非物质文化遗产保护的案例经验 ………………… 111

第五章　空间再塑：休闲之都与文旅体产业融合发展

第一节　建设"感知浪漫"音乐演艺新业态 …………… 122

第二节　开发"雅致小隐"文旅潮流新业态 …………… 130

第三节　发展"乐活风尚"休闲消费新业态 …………… 137

第四节　打造"烟火成都"特色餐饮新业态 …………… 149

第六章　讲好故事：成就梦想与"来了就不想走"

第一节　成都提升国际传播能力的必要性与作用 …………… 159

第二节　成都建设世界文化名城的国际传播现状 …………… 167

第三节　成都建设世界文化名城的互动传播效果 …………… 177

第七章　格局优化：加快建设彰显天府文化特色的世界文化名城

第一节　文化挖掘：夯实溯源与传承根基 …………… 187

第二节　文脉保护：落实保护与发展理念 …………… 193

第三节　文旅表达：创造舒适与安逸体验 …………… 195

第四节　形象传播：建构可信可爱可敬形象 …………… 198

参考文献 …………… 205

后　记 …………… 209

第一章

建设天府文化特色的世界文化名城理论阐释

世界文化名城的概念比较新颖，因此对于其定义、内涵、特征和分类等还处于探索阶段。本章根据目前学界的研究成果对其进行了一定的阐述。特别是虽然目前没有明确概念界定世界文化名城，但当例举出一座城市，对其是否为世界文化名城进行经验判断，往往还是能够得出较为准确的结论。因此，关于世界文化名城的相关理论，既要从抽象到具体，通过建构理论框架以定义世界文化名城，也要从具体到抽象，从毫无争议可以认为是世界文化名城的城市中进行概括总结。

成都要建设世界文化名城，必须依托于天府文化，这是在数千年文明发展进程中形成的地区主流文化。天府文化的内涵可以高度概括为"创新创造、优雅时尚、乐观包容、友善公益"这十六个字，特质则可以概括为"思想开明、生活乐观、悠长厚重、独具魅力"。天府文化的内涵与特质相辅相成，共同构成了天府文化的核心内容。

成都是中国西部的国际化大都市，成都建设彰显天府文化特色的世界文化名城，一定要以习近平文化思想为指导，要服务于国家战略，只有从国家层面的角度出发，才能在世界文化名城的建设中取得成功。

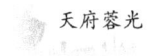

第一节　世界文化名城的内涵与类型

世界文化名城的内涵非常丰富，大致可以总结为历史文化遗产丰富、文化活动丰富多彩、城市环境优美、文化旅游发达、社会文明开放包容、经济发展水平高等。世界文化名城的类型则大致可分为历史型、现代型、交流型、艺术型和综合型等。世界文化名城的界定虽着重于从文化领域考量，但实际上是对一个城市软实力的综合评价，因此能够被称为世界文化名城的城市皆实力突出。

一、世界文化名城的概念内涵

2011年，广州提出"要打造世界文化名城和世界商业中心"。但这一时期"世界文化名城"还未形成正式概念，也未得到学界统一认可。2017年，成都正式提出要努力把成都建设成为独具人文魅力的世界文化名城，塑造世界文创名城、旅游名城、赛事名城和国际美食之都、音乐之都、会展之都的国际标识，提升城市文化沟通力和全球传播力。2018年，成都市召开的世界文化名城建设大会进一步为"三城三都"[①]建设制定了时间表和线路图。目前学界对于世界文化名城实际上没有很明确的概念和界定。专门研究世界文化名城的学术文献也并不多，且多为应用性研究和针对具体城市的建设意见方案等，缺乏理论性的探讨。其中代表性研究成果有武胜奇的《体育赛事与广州世界文化名城的培育研究》，谢涤湘、李华聪的《文化全球化背景下的城市文化建设——基于广州建设"世界文化名城"的思考》，陈达良的《对广州市建设世界文化名城的思考——以海珠区黄埔古港古村为例》，蔡尚伟、江洋的《"世界文化名城"的建设路径分

---

① "三城三都"指打造世界文创名城、旅游名城、赛事名城和国际美食之都、音乐之都、会展之都。

析——以成都为例》，黄建华、申良法的《文化筑城立城兴城立体联动 名城昨天今天明天一体互动——"世界文化名城怎么建"以成都路径为例》。梳理学术史，可见在2016年之前，世界文化名城的研究对象主要集中于广州，从2017年开始研究对象主要转为成都。至于其他城市虽然也有，但数量极少，这表明世界文化名城的研究具有较强政策性和时效性，会随着各地政策和规划的变化而变化。目前在中国，成都就是建设世界文化名城的主要城市。

之前比较常见的说法为历史文化名城。1982年2月，为了保护那些曾经是古代政治、经济、文化中心或近代革命运动和重大历史事件发生地的重要城市及其文物古迹免受破坏，"历史文化名城"的概念被正式提出（见表1-1）。根据《中华人民共和国文物保护法》，"历史文化名城"是指"保存文物特别丰富，具有重大历史文化价值和革命意义的城市"。从行政区划看，历史文化名城并不一定是"市"，也可能是"县"或"区"。历史文化名城设立的初衷是为了保护文物，其他如旅游、文化产业发展等都是附属于文化遗产保护的，其概念内涵本身也比较简单狭窄，而世界文化名城这一概念则更为丰富。世界文化名城不仅要有丰富的历史文化遗迹，更要有丰富和发达的现代城市文化，市民可以享受丰富的文化生活。即便是历史型的世界文化名城，除文化遗产本身外，与之匹配的文旅产业也必不可少。从成都建设世界文化名城的"三城三都"目标来看，充满着现代性，也更重视文化产业发展以及文化与经济的互动。世界文化名城应该是一个综合性的概念，总结来看其内涵包括历史、文化、艺术、经济等多个方面。以下是对世界文化名城内涵的简要概述。

第一，历史文化遗产丰富。世界文化名城往往具有悠久的历史和丰富

表1-1 国家首批历史文化名城名单（国务院1982年2月8日批准）

1. 北京	2. 承德	3. 大同	4. 南京	5. 泉州	6. 景德镇	7. 曲阜	8. 洛阳
9. 开封	10. 苏州	11. 扬州	12. 杭州	13. 绍兴	14. 江陵	15. 长沙	16. 广州
17. 桂林	18. 成都	19. 遵义	20. 昆明	21. 大理	22. 拉萨	23. 西安	24. 延安

的文化遗产，承载着人类文明的发展脉络。文化遗产之中既有物质文化遗产，也有精神文化遗产，包括古代建筑、艺术品、历史事件、历史人物、传统节日等，这些都是历史的见证，反映了不同时期、不同文化的交融与发展。如罗马、雅典、开罗等城市，都有着几千年的历史，是人类文明的摇篮。这些文化遗产不仅代表着城市的历史和文化底蕴，也是城市文化的重要组成部分，应该充分开发和利用，不然就只能是明珠蒙尘。

第二，文化活动丰富多彩。世界文化名城应该拥有丰富多彩的文化活动和文化资源，如艺术展览、音乐会、戏剧表演、博物馆展览等。这些文化活动不仅可以吸引大量的游客和投资者，拉动产业经济发展，也丰富了城市的文化内涵，提高了城市的文化品位。世界文化名城需要定时举办具有全球影响力的展览会、博览会等，平时也应该面向广大市民举办种类多、质量高的各项文化活动，满足市民的文化需求。同时城市中的图书馆、博物馆等公共机构需要收藏大量的珍贵典籍、文物和艺术品，为人们提供了解和研究各种文化的途径。这些城市还应拥有众多的艺术家、学者和知识分子，为文化的传播和发展提供源源不断的动力。

第三，城市环境优美。世界文化名城的城市环境和基础设施建设必须达到一定的水平，通常应该拥有美丽的公园、广场、街道和建筑，同时也注重公共艺术和城市设计，使得城市环境更加优美和宜居。世界文化名城一定是给人总体感受舒适、方便的城市。不管是举办大型文化活动，还是要吸引大量的游客旅游，与之匹配的公共服务设施都是必不可少的。比如，纽约市作为极为现代化的国际大都市，其城市中心却有一座绿意盎然的中央公园。脏乱差的城市即便文化遗产再多，也很难成为名副其实的世界文化名城。

第四，文化旅游发达。世界文化名城必须拥有发达的文化旅游产业，通过推广自身的文化遗产和文化活动，吸引大量的游客前来参观和旅游。同时，这些城市也应注重旅游业的可持续发展，保护和传承自身的文化遗产。既然是名城那必须让大家知道，世界文化名城更是要享誉世界，不管是哪个国家的人，都对其略知一二，并且有让人前来旅游的欲望。如果全球绝大部分民众都不甚了解这一城市，那也很难被称为世界文化名城。

第五，社会文明开放包容。世界文化名城应该具有开放包容的社会文明，尊重不同文化和人群的差异，积极推动多元文化的交流和融合。同时，这些城市也注重自身文化的传承和发展，不断推进文化创新和进步，还要具有鲜明的地域文化特色，这些特色既体现在城市的建筑风格、风俗习惯等方面，也体现在人们的思维方式、价值观等方面。

第六，经济发展水平高。世界文化名城应该拥有较高的经济发展水平，通过发展文化产业、旅游业等优势产业，实现了经济的快速发展和社会的繁荣稳定。同时，这些城市也注重经济结构调整和转型升级，推动经济的可持续发展。经济是一切的基础，建设世界文化名城必须有雄厚的经济实力作为支撑。不管是配套的基础设施和文化产业，还是市民丰富的文化生活都要以经济作为基础。《管子》云"仓廪实而知礼节，衣食足而知荣辱"。经济落后的城市，文化也很难发达。

以上这些是世界文化名城都应具有的内涵，包括历史文化遗产、文化活动、城市环境、文化旅游、社会文明开放包容以及经济发展水平等多个方面。这些方面相互促进、相互支撑，共同构建了世界文化名城的独特魅力和文化特色。同时，建设世界文化名城的过程中也会面临着一些挑战和问题，如文化同质化、过度商业化和环境污染等。因此，在推进世界文化名城建设的过程中，需要注重保护和传承自身的文化遗产和文化特色，同时也需要注重推进文化创新和进步，实现可持续发展的目标。值得注意的是，虽然世界文化名城可以分为不同的类型，但不管哪一种类型的世界文化名城，都应该兼备以上这些因素，只是侧重点会有所不同，其中任何一个因素都不能被忽略。

二、世界文化名城的类型与特征

(一) 类型

关于世界文化名城的类型划分，学界目前也没有明确的界定。早期美

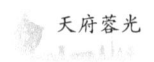

国地理学家奥隆索将城市职能分为6类,其中文化城市被分为:大学城、大教堂城镇、艺术中心、朝圣城市、宗教中心。这样的划分明显带有局限性,更适用于西方的城市。

2018年10月30日,字节跳动发布《为什么是成都——成都建设世界文化名城研究报告》,这份报告对22个大众认知中的世界文化名城进行数据统计,从6个城市功能维度入手,以指数的方式对22个世界文化名城进行了逐一分析,并将不同城市与成都进行了对比,希望通过对国内外所公认的世界文化名城的各项特征进行盘点,从而提出成都如何更快更好建设世界文化名城的对策和建议。

在这份报告中世界文化名城被划分为历史型、艺术型、交流型、现代型、综合型五大类型。这五大类型的划分是以各城市的科学数据为基础建立起来的,比较合理和符合实际。

1. 历史型

历史型城市比较好理解,就是具有悠久的历史文化并留存丰富的文化遗产的城市。这样的城市在全世界有很多,比如中国的西安、南京,日本的京都,希腊的雅典,意大利的罗马,等等。这些城市都具有极为悠久的历史,在人类文明的演进以及所在地区的历史发展中都占据过重要地位,直至今日仍留下丰富的历史文化遗产,同时不抱残守缺、刻舟求剑,能够处理好传统与现代的关系,让丰富的传统历史资源在现代社会重放光彩,为城市整体全面发展服务。

2. 艺术型

艺术型城市在世界上也是闻名遐迩。比如奥地利的维也纳、意大利的佛罗伦萨等。佛罗伦萨是艺术型城市的代表,堪称欧洲艺术的中心,文艺复兴便发源于此。整个佛罗伦萨都充满着艺术的气息,全市有数量众多的艺术馆和博物馆,还有知名的艺术学府。文艺复兴时期的伟大艺术家和诗人，如但丁、彼特拉克、薄伽丘和达·芬奇等均出自佛罗伦萨。艺术型城市既应该有浓厚的艺术传统，也应该有丰富的现代艺术气息。

3. 交流型

交流型城市的核心在于举办多场固定的、具有一定名望的国际活动和展览等。意大利的米兰便有诸多享誉世界的国际展览。比如米兰设计周、米兰国际家具展、米兰时装周、米兰国际电影节等。文化交流是文化传播的重要途径，文化传播对于文化的形成和发展至关重要，在全球化的今天，世界各地更应该加强文化交流，以促进世界文化的繁荣昌盛。

4. 现代型

现代型城市的发展特征是以现代经济为基础发展文化产业，从而成为世界文化名城。比如中国香港和新加坡，就是这种类型的城市。香港是近现代崛起的金融中心，本身没有太多深厚的历史文化底蕴，但香港发达的经济促进了其文化的繁荣。当年的香港电影和电视剧基本是每一个中国人难忘的经典回忆，那些香港的影星、歌星等也成为无数中国孩子童年时的偶像。现代型文化城市往往需要发达的经济作为支撑，并且需要有包容和开放的社会文化环境，只有这样才能进行大规模的文化创新，创造出丰富的文化成果。

5. 综合型

在字节跳动的报告中明确将伦敦、巴黎、纽约、东京四大国际性都市定义为综合型文化名城：既能在经济基础、交通通信等硬实力方面排名国际前列，又能兼顾文化资源、对外交流等软实力，具有国际性的影响力，具有超群的政治、经济、文化实力。伦敦、巴黎、纽约和东京除了是世界文化名城，本身也是国际大都市，强大的综合实力使得它们不仅在方方面面都具有强大的实力，而且几乎每个方面都特别突出，文化

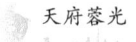

的发达其实只是它们作为世界顶尖城市自然而然所达到的水平，强大的经济实力和国际地位才是根本。综合型世界文化名城也是成都所对标的目标。

（二）特征

由于世界文化名城是新概念，因此关于它的特征描述学界探索不一。成都市社会科学院编纂的《文化之城：九天开出一成都》指出，"世界文化名城共同的特征是高度重视文化在城市未来生长和发展中的重要作用，通过理念性、纲领性的文化建设目标定位，让文化成为城市经济社会发展的助推动力"。这是对世界文化名城总的概括，体现了马克思主义哲学中经济基础决定上层建筑，上层建筑又反作用于经济的原理。世界文化名城最大也是最为重要的特征即在于此。建设世界文化名城，发展文化的目的是促进整个城市的高质量发展，辅助经济增长和社会发展，建设符合现代文明高度的现代化城市，让市民的生活也能够更加丰富多彩与幸福。因此可以得出世界文化名城的另一个重要特征就是要以人为本，世界文化名城的建设根本上是为了市民能够在城市中更好地生活，享受到更多现代城市带来的福利与便捷。在建设世界文化名城的过程中要充分依靠和团结全体市民，建设成果也应该由全体市民共享，这是建设世界文化名城的内在逻辑要求。此外，就是公平性，西方马克思主义学者大卫·哈维曾针对城市空间发展的不平衡进行批判，指出造成这种不平衡城市空间的根本原因就是资本主义私有制，私有制势必导致贫富分化和社会资源的集中，这里涉及的资源分配不公不光是经济财富和政治权力，也包括文化权利。例如基本公共文化服务，包括博物馆、图书馆、纪念馆等多建在城市中，农村或一些偏远地区的人们不能真正有效使用这些公共资源。因此，世界文化名城建设一定要时时刻刻体现公平，一个公平正义的城市本身也代表着现代文化发展的方向。

以上所说的特征应该是世界文化名城都应具有的共同特征，但由于各国世界文化名城的历史发展、人文环境均有所差异，因此也有一些不具有普遍性的特征，这些特征有些城市或许表现得并不明显。

一是拥有世界级的文化资源，如历史遗迹、文化景观、民俗风情等。如中国的古都西安、日本古都京都等具有悠久历史和大量古代历史遗迹的城市。

二是城市文化特色鲜明，具有独特的文化内涵和城市风貌。世界文化名城应该有自己独特的文化特色，应避免同质化现象出现。

三是拥有高水平的文化活动和艺术展览，如国际性的文化节、艺术展览、音乐节等。在奥地利的维也纳，每年金色大厅举行的音乐会都吸引着全世界的音乐爱好者。

四是拥有雄厚的文化产业基础，包括艺术品市场、出版业、电影产业等。比如日本东京，在影视制作、音乐创作和动漫产业方面都是世界前列，拥有大量技术人才和庞大的市场，特别是二次元文化辐射全球，影响了全世界几代年轻人。

五是拥有较高的文化教育和文化消费水平，包括高等教育、文化旅游、博物馆参观等。比如英国的牛津和剑桥，仅仅靠着牛津大学和剑桥大学这两所世界顶级的名校便能够闻名世界，每年吸引世界各地大量的游客。

六是城市管理和规划注重文化保护和可持续发展，在文化遗产保护、绿色城市建设等方面城市居民具有较高的文化参与度，如公共艺术、文化教育等。世界文化名城的城市管理应该是先进的、现代化的。城市市民也应该具有较强的文化素质和文化保护意识，对于城市的文化保护、举办的各项文化活动等也积极参与其中，真正将文化生活融入自己的日常生活之中。

这些特征并不是每个城市都必须具备的，但它们是成为世界文化名城的重要因素。同时，世界文化名城的评选标准和特征也在不断变化和更新，以适应时代的发展和文化多样性的需求。

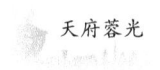

第二节　用天府文化打造世界文化名城的成都

一个国家和民族的强盛总是以文化兴盛为强大支撑和重要标志，城市的发展与崛起归根结底都是以文化的繁荣和引领为条件。厚重的文化积淀、浓郁的文化气息、蓬勃的文化力量是城市的核心竞争力，必将为经济社会发展提供源源不竭的动力和活力。成都植根于城市千年商业文明、休闲习俗孕育出的深厚底蕴，将打造世界文创名城、旅游名城、赛事名城和国际美食之都、音乐之都、会展之都的"三城三都"作为世界文化名城建设的时代表达，这既是历史积淀于现代生活中的深刻映射，也是传承城市历史文脉的时代表达。天府文化是以成都为中心的地区，在长期的历史发展中逐渐形成的地方性文化，具有丰富的内涵，但同时也能被高度总结。"创新创造、优雅时尚、乐观包容、友善公益""思想开明、生活乐观、悠长厚重、独具魅力"，这两句各十六字都是对天府文化特征的高度凝练，都能代表天府文化的核心内涵。

一、创新创造、优雅时尚、乐观包容、友善公益

2017年4月，成都市第十三次党代会上首次提出发展"创新创造、时尚优雅、乐观包容、友善公益"的天府文化。这十六个字是对天府文化内涵极为精炼和准确的概括，也为以后天府文化的创新性发展指明了前进的方向。

天府文化自古便有创新创造的精神。巴蜀地区由于物产丰富，农耕发达，历史上一直相对较为富足，因此奠定了创新创造的精神传统和文化底蕴。世界上最早的纸币交子就起源于北宋时期的四川。这是影响人类文明史的一件大事。"不管黄猫黑猫，捉住老鼠就是好猫"这句中国人民耳熟能详的民间谚语也来自四川地区。四川人的性格本身就是灵活多变、不遵

常法的，顺势而动是四川的优良传统。

创新创造代表着不遵常法，不法常可。中华民族本身就是非常重视创新的民族，自古以来便有顺时而动，不拘故制的传统。《周易·系辞》有云："穷则变，变则通，通则久。"《大学》引汤之《盘铭》曰："苟日新，日日新，又日新。"《诗经·文王》中也说："周虽旧邦，其命维新。"这些都是中华民族强调创新的体现。在马克思主义哲学中世界是不断变化和发展的，新事物不断产生，旧事物不断灭亡。因此不断创新创造是适应这个世界变化的必由之路；不创新，就无法适应世界变化的趋势，就会走入死胡同。当今世界百年未有之大变局加速演进，创新是第一动力，要不断激发创新活力，以适应大变局，是全面建设社会主义现代化国家、全面推进中华民族伟大复兴的重要途径。因此天府文化中"创新创造"的精神不仅仅对于成都，对于四川，对于今天的中国都有着特别的意义。

巴蜀历史上有许多具有创新意识和开创性的思想家，明末清初四川本地著名的思想家唐甄，在当时的封建专制时代便能提出民主主义的思想，揭开了"君权神授"的遮羞布，指出："天子之尊，非天地大神也，皆人也。""人之生也，无不同也。"唐甄旗帜鲜明地揭露和批判了封建君主专制的罪恶和危害，提倡人人平等的思想。这为经历了近两千年封建君主专制的中国点燃了一盏明灯，能够在这样的时代背景下提出反对封建君主专制的思想是弥足珍贵的。唐甄也与黄宗羲、顾炎武、王夫之一起被称为明末清初"四大著名启蒙思想家"。

近代著名哲学家贺麟是四川金堂人，他早年作为现代新儒家的代表人物，开创了新心学。他提出要吸收西方文化中理性、科学、民主的因素，注入中国文化之中，以实现中国文化的更新再造。他对儒家思想，特别是陆王心学进行了创新创造，使得儒家哲学与现代接轨。他对于传统哲学的改造主要体现在援西入儒，通过西方哲学的理念将传统儒学更加系统化、条理化。二者相互印证，相互阐释，达到本体论的一致性。并提出哲学化、宗教化、艺术化的儒学发展新途径。他自己也用黑格尔哲学来反向格

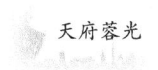

义陆王心学。新中国成立之后，他能够积极学习马克思主义思想，改造以前的旧思想，不囿于原本的成见，放弃唯心主义的哲学立场转向唯物主义，不断调整和更新自己的哲学思想，坚持对真理的追求和探索，这也正是贺麟先生创新精神的体现。

今天的成都同样在许多方面体现着创新创造的文化传统。比如成都每年都举办成都全球创新创业交易会。每届创交会都紧扣时代主题、展现城市特色。2023成都全球创新创业交易会以"创兴蓉城 智造强市"为主题、"围绕产业链部署创新链，围绕创新链布局产业链"为主线，推动成都构建现代化产业体系。这也是成都近些年的重要战略部署，实现产业升级创新创造必不可少，这正是天府文化在现代成都发展中发挥的重要作用。

优雅时尚是天府文化的重要特征。所谓的优雅时尚，并不是矫揉造作和惺惺作态，而是舒适安逸的气质与态度。天府文化绝不仅仅是属于少数上层的贵族文化，而是来自劳动群众也服务于劳动群众的雅俗共赏的文化。其中寄托了劳动人民的思想感情和美好愿望。优雅时尚则是天府文化重要的外在表现形式，正如孔子所说："人而不仁，如礼何？人而不仁，如乐何？"优雅时尚的文化形式要有深厚质朴的文化底蕴支撑，绝不仅仅是形式化的外在。天府文化正是将二者完美有机融合之后，文质兼备的产物。巴蜀大地自古便多文人雅士，其中有代表性的便是杜甫，杜甫的诗歌无疑能称得上优雅时尚，艺术造诣极高，但其内容则多写底层之事，为民发声，鞭挞社会黑暗，他的诗歌完美地诠释了"优雅时尚"的内涵。既有高超的技艺水平，又有深厚的思想内涵。

优雅时尚另一代表性标志便是蜀锦。成都别称之一锦官城便透露出成都织锦业的发达。蜀锦由来已久，早在三国蜀汉之时便已发达。《初学记》载："历代尚未有锦，而成都独称妙。故三国时，魏则市于蜀，吴亦资西蜀。"《太平御览》亦载："先主入益州，赐诸葛亮、法正、张飞、关羽锦各千匹。"蜀锦还成为当时蜀汉重要的支柱性产业，为蜀汉贡献了大量的财政收入，有力地支持了蜀汉的北伐大业。蜀锦必须要在江水中濯洗，

《华阳国志》记载:"锦工织锦,濯其中则鲜明,他江则不好,故命曰锦里也。"洗濯蜀锦的那条江则被称为锦江,今天成都市锦江区便因此得名。蜀锦的一大优势就是精致,《隋书·地理志》载巴蜀地区"人多工巧,绫锦雕镂之妙,殆侔于上国"。蜀锦的精致使得其全国闻名,且在宋代成为上贡的重要织品。北宋年间还在成都设立锦院作为官营的织锦机构,极大提高了蜀锦的质量。历朝历代都将蜀锦作为时尚用品,直到今天依然是成都的形象代表之一,产品热销全球。

乐观包容是天府文化又一特征。一方面,成都平原自古便是富庶地,温柔乡。民间一直有"少不入川,老不出蜀"的说法,虽然有些夸张,但也说明四川盆地的生活相对比较安逸,这也造就了四川人乐观包容的性格。另一方面,四川历史上存在大规模移民,促进了四川与其他地区的文化交流,增强了天府文化的包容性。也正是这种乐观包容的特征促使成都吸引了大量人口迁入。截至2023年末,成都市常住人口已经达到2140.3万人,短短10年人口增加了600万,以年轻人特别是刚毕业的大学生为主。成都人乐观包容的性格特征体现在方方面面。在方言上,成都话以其独特的韵味和表达方式而闻名,成都人喜欢用一些幽默、自嘲的言辞来表达他们的情感和态度。在饮食上,成都被誉为"美食之都",其美食文化丰富多彩,吸引了来自世界各地的游客,成都人热情好客,希望能将最好的美食分享给客人。川菜作为中国四大菜系之一,本身也吸收了各种菜系的优点,因此才能闻名全国乃至世界。在生活方式上,成都人追求自由、舒适的生活方式,善于享受生活,喜欢在闲暇时间进行各种娱乐活动,如打麻将、喝茶、听戏等。

历史上成都遭遇了数次摧残,明清易代,张献忠在四川大肆屠杀,给四川带来了沉痛的灾难。《明史·张献忠传》记载:其"坑成都民于中园……共杀男女六万万有奇……川中民尽,乃谋窥西安"。但即便遭受了如此沉重的打击,成都人民依然乐观坚强,在大量移民迁入的情况下重建家园,并于清初迅速恢复,重新成为繁荣的大城市。抗日战争时期,成都

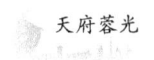

作为中国抗战的大后方，遭受日军重点轰炸，但在如此艰难的时刻，成都人民依然展现了乐观主义精神，甚至在刚刚结束一轮轰炸之后马上就有小贩在路边摆摊卖小吃，这些小吃也被成都人民亲切地称为"抗战快餐"。抗战时期成都人民依然喜爱去茶馆喝茶，在茶馆谈天说地，茶馆更是成为成都宣传爱国和抗日救亡的阵地，各种最新的信息也在茶馆中传递，展现了成都人民的大无畏和强烈的乐观主义精神。

包容更是成都极具特色的特点。作为一座移民城市，成都从来都是海纳百川、兼收并蓄。成都移民由来已久，早在战国时期，秦灭蜀之后就组织了大量移民来到成都平原。魏晋南北朝时期由于战乱，更是有大量其他地方的移民前往巴蜀避难。安史之乱后，中原和关中地区惨遭战火荼毒，大量当地百姓随着唐玄宗的脚步也来到四川。元末明玉珍在巴蜀建立大夏政权，带来了大量湖广地区的移民。但要说成都历史上最大规模的移民还要属清初的湖广填四川。由于明末清初，成都遭受几轮残酷的屠杀，致使成都"官民庐舍，劫火一空"。在这样的背景下，清朝统治者为了尽快恢复四川地区的生产进行了大规模移民，这些移民来自四面八方，大江南北，以两湖地区居多。这些来自不同地方的移民也把各地的文化风俗带到了成都，他们在这里互相交往、通婚，共同开创了开放包容的天府文化。

成都其实是一座边城，历来就有茶马互市，各种商品、文化、信仰在这里交流、混合，百川交汇之中形成了成都的包容。今天的成都有74条货运航线连通全球，凭借双流、天府两大机场成为继北京、上海之后内地第三个拥有双机场的城市，国际门户枢纽功能显著增强。中欧班列从成都出发，途径亚欧大陆50多个城市，成为重要的货物运输通道，促进了亚欧大陆上的产业协同发展和区域合作。成都与全球200多个国家和地区建立了经贸关系，与104个城市建立了友好城市和合作城市关系。

成都是一座有温度的城市，友善公益存在于每一个成都人的基因之中。友善即"与人为善"，不以恶语恶行待他人，使人与之相处如沐春风。

公益则是体现城市的公共性，公平地为全体市民提供公共产品，同时积极发展慈善事业，帮助弱者和急需帮助的人。成都人充满善良温情，在成都街头时常可以看到好人好事。自从人类文明诞生以来，贫穷和不幸就一直如影随形，这本质上是资源稀缺性造成的，要想彻底解决这些问题只有实现生产力的高度发达。在这之前，面对社会上无数贫穷困苦的人，慈善救济是必不可少的一环，而成都则积极发展慈善事业，并于2022年发布《成都市促进慈善事业高质量发展若干规定》，在慈善救济领域取得了丰硕的成果，无数人因之受益。

成都现在正在进行的公园城市建设就是一个最大的公益事业。公园城市不是简单地在城市中多修公园，而是一个将整个成都市纳入其中的大战略，是要将整个成都打造成一个巨型的公园。塑造公园城市优美形态，打造城市践行绿水青山就是金山银山理念的示范区，把良好生态环境作为最普惠的民生福祉，提出构建城园相融空间布局、建立蓝绿交织公园体系、保护修复自然生态系统、挖掘释放生态产品价值、完善现代环境治理体系、塑造公园城市特色风貌、深入推进国家城乡融合发展试验区建设、推动以成渝双核引领经济圈协调发展8项重点任务。

这样做正是为了让全体成都市民都能享受到生态文明建设的成果和红利，不论职业、贫富、性别、年龄的人都能呼吸到新鲜的空气，不出城市即能享受优美的自然风光。同时，建设公园城市还能促进城市经济高质量发展。公园城市的建设需要大量的资金投入和政策支持，可以带动相关产业的发展和升级，增加就业机会，促进城市经济的持续健康发展。公园城市的建设还能统筹城乡发展，推动城乡基础设施和公共服务的均衡配置和优化调整，促进城乡经济的协调发展和良性循环。既保护了生态环境又促进了经济增长，缩小了贫富差距，有利于实现共同富裕。这正是目前成都天府文化友善公益的最好体现。

二、思想开明、生活乐观、悠长厚重、独具魅力

思想开明、生活乐观、悠长厚重、独具魅力这四点是天府文化的特

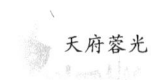

质。这四点其实可以与上面的创新创造、优雅时尚、乐观包容、友善公益相对应。因为思想开明，所以才能创新创造，才能有强大的包容性；因为有悠长厚重的文化底蕴，才能让优雅时尚不至于流于表面。也正是因为这一系列的特质，让天府文化具有独特的魅力，在群星璀璨的中华文明中占得一席之地。

天府文化深受儒家思想的影响，注重人的智慧和道德修养。成都人崇尚文化、尊重传统，同时也具有开放和包容的心态。这种开明思想使得成都成为一个多元文化的交汇之地，各种思想在这里相互交流、碰撞，激发出了无数新的创意和想法。自古以来，四川盆地就是交通要道，与中原地区的交流十分密切。这使得天府文化在吸收中原文化精华的同时，也不断丰富和发展自己。历史上，四川地区出现了许多杰出的政治家、军事家、文学家、艺术家等，他们的思想观念开放包容，为天府文化的形成和发展作出了巨大贡献。例如，诸葛亮、杜甫、苏轼等都曾在四川生活过，他们的思想和作品都深受天府文化的影响。

成都人具有一种乐观向上的生活态度。在面对生活的种种挑战时，成都人总能以积极的心态去应对，并且从中找到乐趣。这种乐观的生活态度使成都成为一个充满活力和快乐的地方。四川盆地地势险要，四面环山，气候湿润，物产丰富，这种自然环境使得四川人民养成了乐观豁达的性格。在天府文化中，人们崇尚自然、热爱生活，注重享受当下。这种乐观的生活态度体现在四川人民的日常生活中，如茶馆文化、饮食文化等。这些独特的生活方式，使得天府文化充满了生机与活力。

天府文化源远流长，具有悠久的历史和深厚的底蕴。成都作为一座历史名城，拥有众多的文化遗产和名胜古迹。从三星堆遗址、金沙遗址等考古发现来看，四川地区的古代文明已经相当发达。这些历史遗迹不仅见证了成都的过去，也向人们展示了天府文化的独特魅力，为天府文化的形成和发展提供了丰富的素材。

天府文化以其独特的魅力吸引着无数人的目光。成都以其悠闲的生活方式、美味的食物、美丽的风景和丰富的文化内涵吸引了世界各地的人。天府文化融合了多种文化元素，形成了独特的艺术风格和审美观念，在音乐、舞蹈、戏剧、绘画等方面都有着鲜明的特色。例如，川剧、蜀绣、竹编等都是天府文化的瑰宝。四川地区的美食是天府文化的一大亮点。火锅、麻辣烫、串串香等美食享誉全国，吸引了无数游客慕名而来，一饱口福。

天府文化是一种具有深厚历史底蕴、多元文化交融、乐观向上精神和独具魅力的地域文化。这种文化不仅为成都带来了独特的魅力，也为整个中国西部地区的发展提供了强大的精神动力和文化支撑。

第三节 新时代中国特色社会主义文化创新理论助力成都世界文化名城建设

文化是一个国家、一个民族的灵魂。文化对城市而言，既是实力和形象，更是内核和灵魂。进入中国特色社会主义新时代，成都坚持以习近平新时代中国特色社会主义思想为指导，坚定文化自信，弘扬中华文明，发展天府文化，着力建设独具人文魅力的世界文化名城。新时代中国特色社会主义文化理论是在我们党一百多年来的不断实践与探索中形成的，是马克思主义基本原理同中国具体实际、同中华优秀传统文化相结合的成果。推进新时代中国特色社会主义文化的理论创新，需要我们坚定文化自信，推进中华优秀传统文化创造性转化和创新性发展，积极发展文化事业和文化产业，增强国家文化软实力，有效把马克思主义思想精髓同中华优秀传统文化精华结合起来。

一、坚定文化自信

文化自信是一个民族、一个国家以及一个政党对自身文化价值的充分肯定和积极践行，并对其文化的生命力持有的坚定信心。习近平总书记指出："自信才能自强。有文化自信的民族，才能立得住、站得稳、行得远。中华文明历经数千年而绵延不绝、迭遭忧患而经久不衰，这是人类文明的奇迹，也是我们自信的底气。坚定文化自信，就是坚持走自己的路。坚定文化自信的首要任务，就是立足中华民族伟大历史实践和当代实践，用中国道理总结好中国经验，把中国经验提升为中国理论，既不盲从各种教条，也不照搬外国理论，实现精神上的独立自主。要把文化自信融入全民族的精神气质与文化品格中，养成昂扬向上的风貌和理性平和的心态。"[1]文化自信在于深厚的文化根脉和独特的文化优势，源于对中华文化的传承和升华。文化就像一条奔腾不息的长河，凝结着过去，联结着未来。文化的繁荣发展是一个持续不断、向前推进的过程。每一个国家和民族的文化都是在其悠久历史的基础上进行创新发展的。中华文化在5000多年的文明历程中，积淀了中华民族最深沉的精神追求，蕴含着中华民族最根本的精神基因，展现了中华民族独特的精神风貌。中华民族在历史上创造了辉煌的文明，为世界作出了巨大的贡献。比如中国的四大发明，对人类文明史产生了重大的影响。造纸和印刷术推动了欧洲的文艺复兴，指南针助力了新航路的开辟，火药更是彻底改变了世界的格局。这些伟大的成就为我们的文化自信奠定了坚实的基础。

中华文化的强大优势在于其源远流长、博大精深的优秀传统文化，以及党领导人民创造的充满活力的革命文化和生机勃勃的社会主义先进文化。我们党始终致力于传承和弘扬民族优秀传统文化，在发展中国先进文化的过程中，不断汲取传统文化的精髓，同时紧跟时代潮流，赋予中华文化新的活力。这使得我们在世界文化交流中保持坚定的立场，树立起文化自信。

---

[1] 习近平：《在文化传承发展座谈会上的讲话》，人民出版社2023年版，第10页。

（一）坚定文化自信是习近平文化思想的重要内容

习近平文化思想是新时代党领导文化建设实践经验的理论总结，坚定文化自信是其中重要内容。2018年8月21日至22日，全国宣传思想工作会议以"九个坚持"概括宣传思想工作的规律性认识，其中，"坚持文化自信是更基础、更广泛、更深厚的自信，是更基本、更深沉、更持久的力量"位列第四条；2023年6月2日，文化传承发展座谈会明确文化建设方面的"十四个强调"中，"强调坚持文化自信，推动社会主义文化繁荣兴盛，建设中华民族现代文明"是第三个强调；在习近平总书记对宣传思想文化工作作出的重要指示里，坚定文化自信作为践行"七个着力"的原则要求之一。对"坚定文化自信"的反复强调和深刻阐述，表明我们党对中国特色社会主义文化建设规律的认识达到了新高度，表明我们党的历史自信、文化自信达到了新高度，必将在我国社会主义文化建设中展现出强大伟力。

（二）坚定文化自信是重大的理论创新

习近平文化思想有一系列文化理论观点上的创新和突破，特别是关于坚定文化自信的重要论述，具有极强的理论穿透力、创新力。比如，第一次将文化自信与道路自信、理论自信、制度自信并提，形成了"四个自信"这一具有原创性的表达。2016年6月28日，习近平总书记在主持十八届中共中央政治局第33次集体学习时强调，"坚定中国特色社会主义道路自信、理论自信、制度自信、文化自信"。随后，他在庆祝中国共产党成立九十五周年大会上的重要讲话中，再次强调"全党要坚定道路自信、理论自信、制度自信、文化自信"。同时，习近平总书记认为，坚定中国特色社会主义道路自信、理论自信、制度自信，说到底是要坚定文化自信。第一次提出文化自信就来自我们的文化主体性。2023年6月2日，习近平总书记在文化传承发展座谈会上发表重要讲话，系统总结中华文明

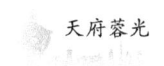

的突出特性,深刻阐述"两个结合"的重大意义,指出"文化自信就来自我们的文化主体性"。创立习近平新时代中国特色社会主义思想就是这一文化主体性最有力的体现。第一次提出,没有高度的文化自信,没有文化的繁荣兴盛,就没有中华民族伟大复兴。将文化自信与中华民族伟大复兴相关联,凸显它的重要性。第一次提出坚定文化自信的首要任务,就是立足中华民族伟大历史实践和当代实践,用中国道理总结好中国经验,把中国经验提升为中国理论,既不盲从各种教条,也不照搬外国理论,实现精神上的独立自主,等等。习近平总书记的这些重要论述,深刻阐明了文化自信的特殊重要性,使之成为全党全国各族人民文化生活的新要求,成为推进新时代文化建设的重要前提。

(三)坚定文化自信,要不断展现宣传思想文化工作的新气象新作为

学习贯彻习近平文化思想,践行好习近平总书记提出的"七个着力"重要指示精神,必须首先坚定文化自信。要坚持走自己的路,秉持精神上的独立自主,涵养"相互尊重、平等相待"的从容、"美人之美、美美与共"的大气、"开放包容、互学互鉴"的坦诚,在保持自己民族特色的同时包容、借鉴、吸收各种不同文明,推出一批熔铸古今、汇通中西的文化成果。要守好正,坚持马克思主义在意识形态领域指导地位的根本制度,坚持"两个结合"的根本要求,坚持中国共产党的文化领导权和中华民族的文化主体性,坚守中华文化立场。要大力创新,真正做到古为今用、洋为中用、辩证取舍、推陈出新,大力推动中华优秀传统文化创造性转化、创新性发展,充分激发全民族文化创新创造活力,不断巩固全党全国各族人民团结奋斗的共同思想基础,不断提升国家文化软实力和中华文化影响力。天府文化作为中华民族文化自信的有机组成部分,无疑是成都建设世界文化名城之根基所在。在长期的建设发展中,成都这座具有历史人文厚重感的都市,孕育积淀出思想开明、生活乐观、悠长厚重、独具魅力的天府文化特质。

二、推进中华优秀传统文化创造性转化和创新性发展

中华优秀传统文化是中华民族的瑰宝，蕴含着丰富的智慧和价值。自先秦以来，中华民族的先民们就创造了无数的精神财富。但近代以来，由于发展落后，中国遭受了百年屈辱，中华传统文化逐渐受到质疑和抨击，近代的有识之士在中国对外斗争屡战屡败的基础上，认为中国不仅是技术、制度上不如西方，在文化上也是远远落后于西方的。这一观点到新文化运动时达到高潮，甚至出现了要求全盘西化，彻底摒弃一切中华传统文化的声音。直到新中国成立后，中国人民站起来了，对中华传统文化的信心才开始重建，改革开放之后我们对中华传统文化的传承与发展更是日益重视，守正创新，使优秀的传统文化在现代再显生机。

近代以来对中华文化的否定有其时代背景和现实依据，传统的旧文化确实无法适应现代工业文明的需要，近代中国要实现民族独立、国家富强的梦想必须学习和吸收更加先进的文化。然而，这绝不意味着要抛弃本民族的传统文化，中华文化中许多积极因素和优秀成果，对于现代文明依然有极大的启发和借鉴意义。但依然完全沿着传统的文化模式势必是行不通的，随着时代的变迁和社会的发展，中华优秀传统文化也需要进行创造性转化和创新性发展，以适应现代社会的需求和变化。早在新文化运动时期就已经有一批有识之士认识到这一问题并力图推动中华传统文化的更新再造。现代新儒家的代表人物梁漱溟写作的《东西文化及其哲学》一书，他认为中国、印度和西方的文化本无高下之分，只是适合的时机不同，他还断言中华文化未来必然复兴。冯友兰和贺麟分别创立了新理学和新心学，就是在传统程朱理学与阳明心学基础上的创新和发展。牟宗三更是创造性地结合康德哲学，以《庄子》中的内圣外王作为思想依据，提出了"由内圣开出新外王"的理论以解决传统儒家思想的理论困境。

今天，在中华民族伟大复兴的新征程上，在促进中国式现代化，创造人类文明新形态的过程中更应该推进中华优秀传统文化创造性转化和创新性发

展。习近平总书记指出，中华文化具有突出的连续性、突出的创新性、突出的统一性、突出的包容性及突出的和平性等优秀特性，因此只有传承好、发展好中华优秀传统文化，使优秀传统文化在新时代重新绽放光芒才能更有力地推进中国特色社会主义文化建设，建设中华民族现代文明。

习近平总书记强调："在五千多年中华文明深厚基础上开辟和发展中国特色社会主义，把马克思主义基本原理同中国具体实际、同中华优秀传统文化相结合是必由之路。这是我们在探索中国特色社会主义道路中得出的规律性认识。"[①] 今天要实现中华优秀传统文化创造性转化和创新性发展，"两个结合"是取得成功的最大法宝，也是我们行稳致远、不走歪路的重要保障。对于如何具体推进中华优秀传统文化创造性转化和创新性发展，大致有以下两个措施。

（一）保护和传承中华优秀传统文化

我们要保护和传承中华优秀传统文化，这是创造性转化和创新性发展的前提。保护既应该保护物质文化，也应该保护非物质文化，特别是思想、哲学、文学等文化的精髓。我们应该加强文化遗产的保护工作，加强对传统艺术的传承和发扬，加强对传统建筑的修复和维护，加强对传统节日和习俗的传承与推广。此外，我们还可以通过教育、文化活动、旅游等方式，让更多的人了解和认识中华优秀传统文化，增强文化自信和认同感。比如，可以在中小学课程中增加传统文化学习的比重，增加古诗文和中国历史的教学课时，建立面向大众的传统文化宣传机制，通过讲座、论坛、网络等形式促进传统文化的传承和保护。

（二）创新性发展中华优秀传统文化

在保护和传承中华优秀传统文化的基础上，我们需要进行创新性发

[①] 习近平：《在文化传承发展座谈会上的讲话》，人民出版社2023年版，第5页。

展，以适应现代社会的需求和变化。

1. 推动传统文化的数字化转型

随着数字技术的不断发展，我们可以利用数字技术推动传统文化的数字化转型，开发出更多的数字化产品和文化体验项目。利用人工智能，建立传统文化专题模块，可以最为有效地回答学习者和爱好者关于传统文化的许多问题。我们还可以利用虚拟现实技术还原历史场景和传统技艺，让观众能够更加直观地感受传统文化的魅力。这一做法目前在很多博物馆也都正在推广。还比如我们可以建立古籍电子库，将中国古代浩如烟海的典籍全部数字化并免费向公众开放，这既能保护传承珍贵的善本古籍，还能促进传统文化的宣传和研究。中国国家版本馆中，不仅收集了许多重要珍贵的文献，也启动了数字化工程，这是功在当代、利在千秋的伟大事业。

2. 将传统文化与现代艺术相结合

我们可以将传统文化与现代艺术相结合，创作出更多的文化精品。例如，在现代舞蹈中融入传统戏曲的元素，在现代绘画中融入传统绘画的元素等。这些融合不仅可以让传统文化焕发出新的生命力，也可以让现代艺术更加具有本土特色和文化内涵。"今人不见古时月，今月曾经照古人。"文化的绵延发展本就是一脉相承的，现代艺术脱胎于传统文化之中，又超越了传统文化，二者具有共通性，二者有机融合的效果将是"1+1>2"。

3. 挖掘传统文化的经济价值

我们可以挖掘传统文化的经济价值，通过文化创意产业等方式推动传统文化的创新性发展。例如，我们可以将传统文化元素融入服饰、家居用品、旅游纪念品等设计中，开发出更多的文化创意产品。此外，我们还可以通过举办文化节、展览等活动，吸引更多的游客和投资商，推动文化创

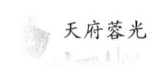

意产业的发展。传统文化拥有极大的经济潜力,各地的历史遗迹每年都可以吸引大量的游客来访,这是一笔非常大的收入。传统的手工品、艺术品也是一大亮点,比如成都的蜀锦、蜀绣,杭州的丝绸,湖笔、徽墨、宣纸和端砚等文房四宝,都是世界闻名的中国传统文化产品。中国国家博物馆还专门开设网店售卖文创物品,不少文创产品成为热销产品。大力发展文创产业,将其作为拉动经济增长的引擎之一,既能更好地传承保护传统文化又能促进经济发展,改善人民生活,一举两得。

4. 加强传统文化的研究和创新

我们可以加强传统文化的研究和创新,推动传统文化的学术繁荣和理论创新。例如,我们可以加强对古代文学、历史、哲学等方面的研究,挖掘出更多的文化内涵和精神价值。此外,我们还可以通过举办学术会议、出版学术著作等方式,推动学术交流和合作,提高传统文化的学术水平和影响力。中国传统文化中拥有取之不尽、用之不竭的文化资源。但从学术层面来说,先秦的诸子学、两汉的经学、魏晋的玄学、隋唐的佛学、宋明的理学、清代的朴学等,每一门学问都值得学者用一生的时间去研究与探索。特别是儒家经学,作为中国传统文化当之无愧的核心与主流,但在今天得到的重视程度不高。目前各大高校内的经学大多集中于哲学、历史和文学等院系,研究内容和范式也受到现代学科划分的影响,但经学研究最讲究博通,因此调整今天高校经学人才培养和学术研究模式,是重中之重。

今天的中国屹立于世界民族之林,我们也正处在过去与未来,东方与西方的交汇点之上,贯彻落实习近平文化思想,把马克思主义基本原理同中国具体实际相结合、同中华优秀传统文化相结合,是今天我们文化发展战略的根本所在。在迈向可持续发展的世界城市过程中,成都对标世界城市,在传承和创新天府文化中持续深度给力。以新发展理念为引领,传承和萃取天府文化精华,激发创意创新智慧,以"互联网+"天府文化,将文化资源优势转化为文化创造和文化产业优势,真正做到古为今用,洋为中用，以批判理性的态度和眼光对待传统文化与外来文化，吸收借鉴优秀文化成果，守好文化阵地的防线。不断推动成都故事、成都声音的传播，让人文成都跻身世界城市序列。

三、繁荣发展文化事业和文化产业

党的二十大报告就"繁荣发展文化事业和文化产业"作出部署安排，这是新时代进行文化建设的根本遵循，也为我们深刻认识文化建设培根铸魂的基础性、长远性作用指明了方向。

文化事业和文化产业的进步是高质量发展的重要因素。随着经济社会的发展，人民的物质文化需求逐步提高，对精神生活的需求也越来越高，因此发展文化事业和文化产业以满足人民群众日益增长的文化需要就成了当务之急。在过去由于文化活动匮乏，人民的受教育水平也不高，因此传统的文化活动，比如看戏听曲、听评书、听相声等便能很好地满足人民群众的文化需要，一段故事即便反反复复地听也不会感到无聊枯燥。但今天由于信息技术发展以及人民群众的受教育水平提高，思想的独立性和多样化得到长足发展，社会上的文化产品和活动也"乱花渐欲迷人眼"，因此迫切需要给人民群众提供更高质量、更多种类的文化产品，繁荣发展我们的文化事业和文化产业。

就文化事业来说，核心在于健全现代公共文化服务体系，这是满足人民群众基本文化需求的重要途径。近年来，中共中央办公厅、国务院办公厅相继印发《关于加快构建现代公共文化服务体系的意见》《国家基本公共文化服务指导标准（2015—2020 年)》《关于推进实施国家文化数字化战略的意见》等文件，目的都是推进我国公共文化事业向更全面、更高程度发展。比如成都市近年便积极推动全市公共文化服务高质量发展，建设了天府艺术公园、自然博物馆等 28 个文化地标。全市还积极开展群众文化活动，丰富市民业余文化生活。深化改革创新，提升服务效能。市级公共文化服务机构实施"一馆一策"改革，提升阵地服务水平。连续举办 4 届

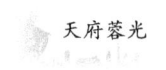

"公共文化服务超市",积极探索基层公共文化设施社会化管理。这些措施都有力推动了成都市公共文化事业的发展。

　　文化产业与文化事业不同:文化事业核心是公益性,在于为人民提供基本文化服务;文化产业是一种经济形态,在于文化产品的生产、流通、分配、消费,是以市场为导向的。文化产业的繁荣既能满足人民群众多样化的文化需求,提高人民的生活质量,又能成为拉动经济的重要增长点。根据国家统计局数据,2022年全国文化及相关产业增加值占GDP比重为4.46%,目前中国的文化产业市场还有巨大的潜力,完全释放将是一个巨大的经济体量。2023年全国规模以上文化及相关产业企业实现营业收入129515亿元,比上年增长8.2%。近年来,中国的文化产业可谓是百花齐放,各个领域都有大量优秀作品问世。在电影领域,当前,我国拥有的电影银幕是世界上最多的,这也使得中国成为全球电影票房位居前列的国家,有大量优秀的国产电影引爆票房。以2023年为例,《满江红》《流浪地球2》《孤注一掷》《消失的她》等都是火爆市场的优秀电影作品,每一部都取得了三四十亿元的票房,为后疫情时代的电影复苏注入了一剂强心针。在游戏领域,国产第一款单机游戏3A大作《黑神话·悟空》受到了海内外游戏爱好者的广泛关注,2023年8月20日在杭州举办的线下试玩会也取得成功,市场期待值颇高,很可能成为国产游戏崛起的重要契机。在手游方面,多款国产手游在全球都产生了一定影响力,比如原神、和平精英、王者荣耀、第五人格等游戏都具有较大知名度,既提高了中国的国际影响力,也创造了一定经济价值。在动漫领域,近年来有许多优秀的国产动漫出炉,如《一人之下》《狐妖小红娘》等,扭转了国产动漫一直疲软的状态。在文学作品领域,目前网络文学是一个重要产业,虽然质量参差不齐,但近年也有如《诡秘之主》《大王饶命》等优秀作品,特别是在主要网文平台防盗版措施愈发完善后,这一产业发展前景是光明的。科幻文学作品《三体》在全国掀起了一股热潮,不仅纸质书销量巨大,也改编为了动画、电视剧等,具有的影响力和经济价值不可估量。以上这些作品不仅实现了良好的社会效益，也创造了良好的经济效益，这都是目前中国文化产业发展的成果。

文化事业和文化产业的发展离不开国家的统一部署与支持，2023年10月习近平总书记对宣传文化工作作出的重要指示中就提出要"着力推动文化事业和文化产业繁荣发展"。我国的文化事业和文化产业建设发展必须在习近平新时代中国特色社会主义思想的指导下，在党中央的统一部署下进行，把握社会主义的总方向，确保文化事业和文化产业的发展根本都是为人民服务。习近平总书记指出："衡量文化产业发展质量和水平，最重要的不是看经济效益，而是看能不能提供更多既能满足人民文化需求、又能增强人民精神力量的文化产品。"[1] 文化事业和文化产业都应该强调社会效益与经济效益的统一。发展文化事业和文化产业还需要把握文化产业发展的特点与规律，守正创新。市民是创造文化、发展文化、享受文化、消费文化的主体，文化育民、文化惠民、文化富民是发展天府文化的出发点和落脚点。成都大力实施文化地标构筑工程、大力实施文化服务提升工程、大力实施文化惠民提质工程、大力实施文化消费升级工程。积极围绕城市空间调整优化文化产业布局，把天府文化融入城市有机更新和功能优化；拓展"文化+"思维推动文商旅体融合，构建附加值高、原创性强、成长性好的现代文商旅体产业融合体系；聚才兴企提升文创品牌知名度，支持文化创意创造，提高成都文创的国际竞争力和全球影响力。

四、讲好中国故事

党的二十大报告指出，加快构建中国话语和中国叙事体系，讲好中国故事、传播好中国声音，展现可信、可爱、可敬的中国形象。

当今世界，中国对世界的影响之深远、世界对中国的关注之高前所未

---

[1] 习近平：《在教育文化卫生体育领域专家代表座谈会上的讲话》，人民出版社2020年版，第7页。

有，软实力成为影响我国国际地位提升的重要因素。讲好中国故事，讲好中国式现代化的故事，围绕中国式现代化进行话语阐释和叙事传播，既是我们全社会坚定道路自信、理论自信、制度自信和文化自信的重要途径，也是我们扩大中华文化影响力、促进人类文明交流互鉴的现实要求，更是我们打破西方话语霸权、推动形成客观公正积极健康的全球舆论生态的必然选择。

今天国际舆论场上的争斗日趋激烈，特别是西方国家从电视、广播、网络等全方面、立体化对我国发起舆论战，甚至肆意攻击、抹黑我国。这种行为在一定程度上扭曲了世界各国普通民众对我国的认知。由于中国对于他们来说本来就是一个遥远的陌生国度，了解中国的信息主要是从媒体和网络中获取，西方国家针对这一特点制造信息茧房，传播虚假和片面的信息，使很多国外普通民众不明真相，对中国产生了极大的偏见，因此讲好中国故事，传播好中国声音，展示真实、立体、全面的中国，是加强我国国际传播能力建设的重要任务。

党的十八大以来，以习近平同志为核心的党中央高度重视中国话语、中国叙事体系和中国共产党国际形象的传播。2022年2月4日，北京冬奥会开幕。中国特色的开幕式表演、热情洋溢的志愿者、"绿色、共享、开放、廉洁"的办奥理念向世界展现了中国追求开放、包容、和谐的特征，也让一些对华不友善的"杂音"自动销声。据统计，北京冬奥会全球转播观众人数超过20亿，世界各地观众在由国际奥委会授权的频道上观看了总计7130亿分钟的冬奥会报道，比2018年平昌冬奥会增加了18%。北京冬奥会、冬残奥会"思想＋艺术＋技术"的融合传播，向世界呈现了一个真实、立体、全面的中国。2023年7月28日至8月8日，成都大运会举办，在大运会筹备期间，进行了大量的宣传工作，发布宣传片，推出主题邮票、特许商品。各国运动员在成都的这段时间，全成都市民一起努力，为各国运动员参加比赛、参观成都提供良好的环境，使得各国运动员都对成都赞不绝口。习近平主席在开幕式上还向世界各国来宾推荐成都，指出：

"成都是历史文化名城，也是中国最具活力和幸福感的城市之一。欢迎大家到成都街头走走看看，体验并分享中国式现代化的万千气象。"①这都是讲好中国故事的典型案例。

当前，受到世界百年未有之大变局加速演进的深刻影响，"西强东弱"的国际舆论格局还没有根本改变。面对复杂的国际舆论环境，我们要深入学习贯彻习近平总书记关于宣传思想工作的重要论述。习近平总书记强调，要加快构建中国话语和中国叙事体系，用中国理论阐释中国实践，用中国实践升华中国理论，打造融通中外的新概念、新范畴、新表述，更加充分、更加鲜明地展现中国故事及其背后的思想力量和精神力量。同时，要全面提升国际传播效能，建强适应新时代国际传播需要的专门人才队伍。要加强国际传播的理论研究，掌握国际传播的规律，构建对外话语体系，提高传播艺术。要采用贴近不同区域、不同国家、不同群体受众的精准传播方式，推进中国故事和中国声音的全球化表达、区域化表达、分众化表达，增强国际传播的亲和力和实效性。要广交朋友、团结和争取大多数，不断扩大知华友华的国际舆论朋友圈。要讲究舆论斗争的策略和艺术，提升重大问题对外发声能力。②

讲好中国故事重点是要决定讲什么故事。中国很大，人也很多，这片神州大地上无时无刻不在发生无数的故事。讲好中国故事可以讲中华民族历史上的经典故事。中国数千年文明史，留下了无数可歌可泣的人物和事迹，这些都是中华民族重要的精神财富，正如鲁迅先生在《中国人失掉自信力了吗》一文中写道："我们从古以来，就有埋头苦干的人，有拼命硬干的人，有为民请命的人，有舍身求法的人，……虽是等于为帝王将相作家谱的所谓'正史'，也往往掩不住他们的光耀，这就是中国的脊梁。"孟

---

① 《习近平和彭丽媛为出席成都第31届世界大学生夏季运动会开幕式的国际贵宾举行欢迎宴会》，《人民日报》2023年7月29日。
② 《习近平在中共中央政治局第三十次集体学习时强调加强和改进国际传播工作，展示真实立体全面的中国》，《人民日报》2021年6月2日。

母三迁、高山流水、凿壁偷光、岳母刺字……这些中国人从小就耳熟能详的故事，反映了中华民族各种优良的品质与传统，这些故事应该向世界讲述，让世界看到中国人骨子里的优点。讲好中国故事还应该多讲近代以来中国人民为了反对内外敌人，争取民族独立和人民自由幸福的故事。中国人民自1840年鸦片战争以来一直在为求得民族解放和国家富强而奋斗，一代代的中国人前仆后继，在反抗外国侵略，争取民主自由的战斗中不畏牺牲。在人民英雄纪念碑的浮雕上，记录了虎门销烟、金田起义、辛亥革命、五四运动、五卅运动、南昌起义、抗日战争、渡江战役等中国近现代史上的重要历史事件，这些都是中华民族为反抗殖民统治，追求民族解放所做的努力，讲好这些故事可以让世界通过中国的昨天，更好地理解中国的今天，更好地理解为什么只有中国共产党才能救中国。讲好中国故事应该讲新中国所取得的重大成就。新中国成立以来我们取得了重大成就，在极端困难和一穷二白的情况下逐步建立起完整的工业体系。1964年10月16日我国第一颗原子弹爆炸成功，1967年6月17日我国第一颗氢弹空爆试验成功，1970年4月24日我国第一颗人造卫星发射成功，创造了令世界瞩目的奇迹。改革开放以来，中国经济实现腾飞，2010年成为世界第二大经济体，在一个拥有十几亿人口的大国彻底解决了饥饿问题，在2020年打赢了脱贫攻坚战，历史性地在神州大地上消灭了绝对贫困。这些新中国创造的成就是中国故事最好的素材，能更好地让世界，特别是受西方媒体控制下的人抛弃偏见，客观、公正地看待中国。

讲好中国故事不仅要讲总体的故事，也要讲各个地区、各省、各市乃至每个人的故事。马克思主义哲学告诉我们普遍性寓于特殊性之中，具体的小切口的故事比宏观的叙事更能感染和打动人，在宣传层面更有效果。中国拥有广袤的国土，从江南水乡到黄土高坡，从北国风光到雪域高原，从巴山蜀水到闽越山地，各地都有自己独特的地域文化、不同的风土人情。讲好中国的地方故事是中国对外宣传不可或缺的一部分。成都作为中国西部的国际性大都市，沿着"三城三都"的目标和路线行进，带着天府文化的从容与自信，成都的努力和成效正在被世界看见。一系列"破圈"传播案例、国际传播创新手段、渠道平台打造经验，充分展现着成都的国际传播从顶层设计落实到成功实践，以及在传播好中国声音、塑造可信可爱可敬的中国形象方面的追求和不懈努力。成都故事不仅要讲，更要讲好。

第二章

他山之石：国内外世界文化名城打造经验

世界文化名城的打造不仅是城市自我建构的过程，还是对城市历史、文化、艺术、科技等多元要素的深度挖掘和传承，更是不断吸收优秀成果经验的过程。研究世界各地历史文化名城打造的成功案例，不难发现这些城市的经验都具有诸多相似之处。有的城市深入挖掘自身的文化底蕴和历史传承，以独具匠心的保护和传承，让举世无双的建筑、文化和历史遗产得以永存，为人们呈现城市的真实风貌；有的城市积极推进文化创新，它们以全新的文化形式和表现方式，为文化产业注入新的活力，让城市的文化魅力得以展现；有的城市积极参与国际文化交流活动，加强与其他城市的文化联系，促进文化多样性和世界文化的繁荣发展，赢得了国际声誉。可以说从不同侧面放大城市文化特质，在城市化进程中实现了城乡融合、产业转型和经济发展，形成了各具特色的发展模式，这些发展模式中有很大一部分是可复制、可推广的先进经验。因此，本章将重点选取巴黎、东京、苏州、西安、洛阳等地历史文化名城打造案例，在城市有机更新、文化IP打造、智能消费场景、超前谋篇布局等方面洞悉这些城市独特的发展经验，不仅为成都更有效地发掘和弘扬天府文化的内在意蕴，推动文化创新和产业升级，提升城市的文化品质和影响力提供参考，也为成都在探索发掘和传承自身的文化优势，推动文化产业的发展和文化品牌的塑造，提升全球范围内的知名度和影响力中提供借鉴。

第一节 国内部分城市打造经验

文化是一座城市的灵魂。一座城市的每一寸肌理、每一方土壤、每一条街道、每一块街区都蕴藏着这座城市深厚的历史文化记忆。世代交替，我们在遗址古迹、历史街区、传统建筑中可以窥探城市历史脉络与文化传承，这些经过岁月洗礼却没有湮没的城市文化，印证着城市的文化内涵，它们展示着城市的底蕴与风采，打造出独特的"城市名片"。文化塑造着城市，找到城市自己的文化才能保持特有的城市风貌与内涵，提升城市的吸引力，提高市民的认同感与积极性参与城市建设。因此，打造世界文化名城同时也是我国历史文化名城保护工作的重要目标。

中国拥有世界遗产数量居世界首位的文化资源，在入选的城市中，既有西安、洛阳、苏州等历史悠久的古都，也有重庆、杭州、广州等具有鲜明地方特色和代表性的现代都市。通过对这些城市的分析，可以总结出许多具有共性的经验，能为成都当前建设世界历史文化名城提供参考和借鉴。

一、西安经验

西安是一座历史悠久的城市，古称长安、镐京，位于中国内陆黄河流域中部的关中平原。作为中华民族和古老东方文明的发源地之一，它在人类文明的发展历程中占有重要的地位。在漫长岁月中，西安见证了人类历史的演变。早在100万年前，蓝田猿人便在这片土地上繁衍生息，展示了人类早期的文明成果。随着时间的推移，仰韶文化时期的先民们在此地居

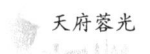

住，形成了城垣的雏形，为后世文明奠定了基础。作为中华文明的重要载体和历史见证，西安拥有 3100 多年的建城史和 1100 多年的国都史。历史上，西周、秦、西汉、新、东汉、西晋、前赵、前秦、后秦、西魏、北周、隋、唐 13 个封建王朝曾在此定都，使得西安成为封建王朝的政治、文化中心，王朝的兴衰更迭不仅塑造了西安的城市风貌，也为中华文明的传承与发展留下了丰富的历史遗产。

自西汉起，西安便成为中国与世界各国进行经济、文化交流和友好往来的重要门户。古老的"丝绸之路"正是以长安为起点，穿越沙漠，延伸至古罗马帝国，搭建起了东西方文明交流的桥梁。这一重要的交通枢纽地位使得西安成为中国对外开放的重要窗口，进一步推动了中华文明与世界文明的交流与融合。作为世界闻名的历史名城，西安与罗马、雅典、开罗等古城齐名，共同谱写了人类文明史的辉煌篇章。

当前，西安市按照《西安历史文化名城保护规划（2020—2035 年）》要求，逐步深入推进历史文化名城建设，树立科学的保护理念，坚持正确的保护方法，不断提升人居环境品质和文化魅力，不断探索具有中国特色的文化遗产保护道路，在文化遗产保护与利用、文化旅游产业发展、文化事业和文化产业集聚、文化产业与网红经济等方面先行先试，取得一定经验。

（一）加强文化遗产保护利用

在建设世界文化名城的过程中，西安把遗产保护与城市发展、城市更新结合起来，努力实现遗产保护和公众利益三者之间的和谐统一。在文化遗产保护方面，西安最大限度地发挥了历史文化资源的综合效益，使保护与利用互相促进，形成了一条独具西安特色的文化遗产保护与利用之路。

一是建立健全文化遗产保护的法律法规体系。《西安市历史文化名城保护条例》是我国第一部对历史文化名城进行全面系统立法的地方性法规，是目前国内对历史文化名城保护最系统、最完备的法律。其明确了各级政府及相关部门在历史文化遗产保护中的职责和义务，对文物、建筑、景观、环境、居民等方面进行了具体规定，形成了较为完善的法律体系。

二是实施一系列重要的文物保护工程。通过实施"天网工程""博物馆之城"等建设工程，使文物保护和利用的质量和水平得到了显著提高。

三是创新文物管理体制机制。目前西安已经建立起以市文物局为主导，相关部门共同参与的文物管理机制，使全市文物工作实现了由"条块分割"向"统筹协调"转变、由"分散管理"向"整体联动"转变、由"粗放管理"向"精细管理"转变，提高了全市文物工作的整体水平。

四是建立科学合理的规划体系。通过编制《西安市城市总体规划》《西安历史文化名城保护规划》，为西安历史文化名城保护工作提供了科学依据，并为古城保护奠定了坚实基础。

（二）加快推进文化旅游产业发展

积极推进文化旅游产业融合发展。坚持文化与旅游、文化与农业等方面的融合发展，推进文化旅游产业各要素融合发展，促进产业转型升级。

一是坚持把发展"夜间经济"作为繁荣城市经济的重要举措，提升城市活力和综合竞争力。相继出台《西安市关于加快夜间经济发展的实施意见》《关于加强夜生活建设和管理的实施意见》等文件，加快培育和壮大夜间经济。实施"一区两带"夜间经济示范带工程，加快推进城市公共空间的景观化和灯光亮化，推动大明宫国家遗址公园、碑林博物馆、大唐不夜城、小雁塔历史文化街区等一批项目建设，不断增强夜间旅游吸引力。近年来更是频出爆品，成功打造出摔碗酒、不倒翁娃娃、唐宫密盒等现象级文化IP。

二是深度挖掘红色文化资源，大力发展红色旅游。以八路军办事处纪念馆、陕甘宁边区革命纪念馆、西安事变旧址群、西安事变纪念馆等为重

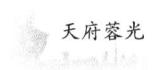

点,加快推进革命历史类纪念场馆建设,充分挖掘红色旅游资源。打造一批红色旅游品牌线路,推出了西柏坡—延安—临潼—照金(红岩村)—瓦窑堡—吴起县等经典红色旅游线路。

(三)推动公共文化服务体系建设

坚持政府主导,不断完善公共文化服务体系建设,建成了覆盖城乡的公共文化设施网络,人均拥有公共图书馆、文化馆面积达到1.35平方米和0.89平方米,群众文化活动覆盖面达到100%。

一是推动文艺精品创作。加快创作生产出更多无愧于时代、无愧于人民的优秀文艺作品,推出了《西京故事》《长恨歌》等一批文艺精品。加快打造"西安文化"品牌。努力推动西安成为"国家历史文化名城、全国重要的高新技术产业基地、现代服务业基地、中西部地区重要的商贸中心"。

二是创新发展文化产业。大力发展具有地方特色和时代特征的文化产业,着力推进演艺、动漫、影视、设计等重点领域发展,文化产业规模持续增长,优势特色明显,新兴业态快速成长,成为经济发展新的增长点。

三是积极推动文化事业建设。制定了《西安市公共图书馆条例》《西安市群众艺术馆条例》等一批地方法规和规章,初步形成了完备的公共文化服务法规体系。

四是促进对外文化交流合作。成功举办了"丝绸之路国际艺术节""中国-阿拉伯国家博览会"等重大国际活动,成为西北地区举办国际性赛事活动最多、国际化程度最高的城市之一。

二、洛阳经验

洛阳,古称洛邑、洛京,位于河南省西部、黄河南岸,因地处古洛水之阳而得名。洛阳有着5000多年文明史、4000多年城市史、1500多年建都史,素有"九朝古都"之称,为帝王之州、华夏文明发祥之地。

从中国第一个王朝——夏朝开始,先后有夏、商、西周、东周、东汉、曹魏、西晋、北魏、隋、唐、后梁、后唐、后晋13个王朝在此建都,时间长达1500多年,是中国建都最早、历史最长的都城,是国务院首批公布的历史文化名城之一。洛阳北扼黄河,南望伏牛,东镇虎牢,西据崤函,"山河拱戴,形胜甲于天下",自古有"天下之中"之称。在我国首批世界遗产中,洛阳共有6处遗产列入《世界遗产名录》,数量仅次于北京和南京。

在文物保护与发掘利用方面,洛阳市始终坚持科学合理的原则,妥善处理两者之间的关系,确保历史文物的完整性和真实性。在规划建设与管理方面,洛阳注重长远规划与短期效益的平衡,确保城市发展的可持续性。同时还关注硬件设施与人文环境的协调,为市民和游客提供舒适宜人的生活和旅游环境。按照"保护固态、传承活态、发展业态"的要求,洛阳市积极推进河洛文化的传承与创新,让古老的历史文脉在现代城市中焕发新的生机与活力,在世界历史文化名城打造过程中,展示中华民族悠久历史与文化的独特魅力。

(一)突出特色,构建合理保护体系

洛阳是世界上最早的都城之一,有着悠久的历史和深厚的文化底蕴,是中华文明的重要发祥地之一,文化地位举足轻重,历史文化遗产类型多样。不仅有各种形式的地上遗产,更有大面积地下遗址,形成"五都贯洛"的都城遗址体系。洛阳以古都洛阳为核心,不断整合资源、统筹协调、整体规划,形成了"一城一河、十里画廊"的总体布局[1]。根据洛阳市独特的地理环境,基于"五山环抱"、"四水润城"以及大遗址保护和生态保护等自然条件,洛阳采取了一种更为谨慎和科学的城市发展策略,坚

---

[1] "一城"指古都洛阳,"一河"指洛阳市母亲河伊河;"十里画廊"指在洛阳洛河两岸进行开发建设后形成的生态景观带。

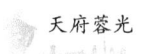

决摒弃了"摊大饼"式的无序扩张模式,因地制宜,科学规划,实施了"一中心六组团"的城市发展战略。这一战略旨在促进中心城区与六县区组团之间的产业承接、交通连接和生态对接,构建更为协调、可持续的城市发展格局。

2018年,洛阳城建勘察设计研究院完成了《洛阳"城市家具"[①]——城市公用设施设置导则》的编制,旨在强化规划引领,提升城市公用设施的文化内涵。该规划以河洛文化、牡丹文化、隋唐文化等经典洛阳文化符号为核心,构建城市环境与"城市家具"之间的情感与秩序关联,实现实用性与美观性双提升,从而提高城市景观品质。根据该规划,洛阳市对照明设施、交通设施、公共服务设施、道路附属设施、公共卫生服务设施、信息设施6大类17种"城市家具"实施"统一设计、统一验收"原则,确保规划贯彻始终,有效解决了"城市家具"混乱无序的问题。

(二)依托资源,开展综合开发利用

根据近年来对文物和文化遗产保护的深入理解,洛阳市已形成一套系统的利用新模式。该模式以规划为先导,严格遵循法律法规,对文物进行科学考古和价值挖掘。针对每一处文化遗产,制定个性化的保护和展示方案,通过系统化的展示方式,让更多人共享文化成果,并真正造福于民,充分体现了洛阳市对推进文化自信自强的高度重视和历史责任感。洛阳在历史文化名城保护工作中不断创新保护模式,探索出了一条"保护为主、抢救第一、合理利用、加强管理"的文物保护工作新路子。在文物保护方面,充分发挥国家文物保护单位和市级以上文物保护单位的作用;在文化遗产利用方面,通过对历史文化资源进行合理开发利用,把历史文化资源变为城市发展的优势和动力。

---

① "城市家具"指城市中各种户外环境设施,包括公交站、路灯、道路护栏、井盖、垃圾箱等,是一座城市最基本的文化名片。

（三）超前谋划，精准编制，一体推进

作为国务院公布的首批历史文化名城，洛阳编制的《洛阳市历史文化名城保护规划》确定了老城区东南隅、西南隅两个历史文化街区，同时确定涧西区工业遗产历史风貌区。按照国家相关部委确定的标准，满足"具备突出的历史文化价值"、"较高的建筑艺术价值"、"体现一定的科学技术价值"或"其他价值特色的建筑"等任一条件，且未被公布为文物保护单位，也未被登记为不可移动文物的建筑物、构筑物等，可以确定为历史建筑。洛阳市历史建筑主要分为近现代优秀建筑、工业遗产苏援式建筑和东西南隅历史文化街区历史建筑三个类别。

（四）锚定名镇古村，施行组团式发展

洛阳市历史文化名城、名镇、名村、历史街区及传统村落和古民居星罗棋布，多元文化并存。在2016年就出台了《关于构建现代城镇体系的指导意见（征求意见稿）》，划清"任务清单"和时间表，用3年左右时间，完成了所有城镇历史文化街区划定和历史建筑确定工作，完成了传统村落保护名录体系建设，完善了传统村落评估标准。为引导社会资本参与传统村落保护和开发利用，政府结合实际情况，经过深入研究，出台了一系列政策措施。这些政策旨在完善普查评估机制，实施分级分类保护，以保障传统村落的可持续发展。遵循"保护固态、传承活态、发展业态"的总体要求，洛阳对42个代表性传统村落进行了保护性提升改造。其中包括孟津县朝阳镇卫坡村、栾川县潭头镇大王庙村、汝阳县蔡店乡杜康村等。在这些村落中，政府重点发展乡村文化旅游产业，特别是锚定特色民居、民俗等方面的开发，充分体现传统村落的文化价值和生态价值，挖掘和传承这些村落独特的历史文化和民俗风貌，有力地保护了传统村落的文化遗产，提升了村落的整体品质，激发了乡村文化旅游的发展潜力，在保护与发展之间找到平衡。

三、苏州经验

苏州，自文字记载以来，悠久的历史底蕴熠熠生辉。追溯到公元前11世纪，西周时期的泰伯、仲雍南渡至此，创立了勾吴国。春秋时期，东周的寿梦于公元前585年称王，建立了吴国，并在公元前514年，由吴王阖闾奠基，苏州城自此成为吴国的都城。战国时期，苏州历经越、楚的统治，秦代则将其纳入版图，设立吴县，作为会稽郡的治所。汉代时期，苏州升格为吴郡。三国时期，孙权统治下的吴国疆域包括了苏州。南朝时期，苏州属于梁国，仍设吴郡。隋朝开皇九年（公元589年），苏州开始被称为苏州。宋朝时期，苏州称为平江府。元朝时期，改平江路为治所。1356年，张士诚将其更名为隆平府。明朝洪武二年（公元1369年），恢复苏州府的名称。清代沿袭不变，继续作为苏州府。历经千年的更迭，苏州见证了历史的变迁，承载着丰富的历史文化底蕴，成为我国东南地区的一颗璀璨明珠。

今天的苏州基本保持着"水陆并行、河街相邻"的双棋盘格局，以"小桥流水、粉墙黛瓦、史迹名园"为独特风貌，是全国首批24个历史文化名城之一。有108座园林列入苏州园林名录。拙政园、留园、网师园、环秀山庄、沧浪亭、狮子林、艺圃、耦园、退思园9个古典园林被联合国列入《世界文化遗产名录》。全市现有文物保护单位884处，其中国家级61处、省级128处，是中国古代城市中保存最完好、最具特色的城市之一。2023年，苏州全市累计接待国内外游客1.59万人次，比上年增长63.6%；持续打响"到中国，游苏州"入境旅游品牌，发布5条深度旅游线路，先后迎来印度尼西亚、新加坡等入境旅游团队。

一直以来，苏州全力推进历史文化名城有机更新，不断提升古城品质，让千年姑苏焕发出更大生机与活力，努力面向世界贡献古城保护的苏州方案、提供展现中国文化自信自强的苏州样本。

（一）坚持有机更新，历史文化遗产焕发新生

作为首个在规划中提出"全面保护古城风貌"的国家历史文化名城，苏州古城保护实践在全国起步最早，系统呵护了古城整体风貌，保持着与宋代《平江图》相一致的格局肌理。有序推进虎丘综改和桃花坞片区、五卅路（子城）文化片区等重点项目，唐寅故居遗址、文昌阁对外开放。启动实施"古城细胞解剖工程"，深度普查古城街坊保护对象和历史遗存，完成32号等街坊、三茅观巷沈宅等文保单位信息采集。"数字孪生古城"基本成型，平江历史街区全面完成历史文化遗存信息展示工程。探索推进古建保护修缮和活化利用有机结合，吸引社会力量出资出力，潘祖荫故居等一批古建老宅加速活化为产业载体、文化空间。成立10亿元规模的古城保护基金，持续推进"平江九巷"等一批保护更新示范项目，提升古城功能品质。

（二）坚持数字赋能，文旅产业加速提质增效

利用现代技术激活文旅"新动能"，大力繁荣文化创意、动漫电竞、沉浸式文化消费等新业态新产业。落实国家文化数字化战略，打造数字古城、数字运河、数字戏曲、数字博物馆等云上文化空间，真正让观众足不出户就能享受到"数字盛宴"。建设"君到苏州"文旅总入口，有效整合服务资源、景区资源、政府信息资源，助力打造优质全域旅游发展环境，持续激发文旅消费动能，苏州建成首批国家文化和旅游消费示范城市。2023年苏州旅游总收入1849.5亿元，规模以上文化企业营收3544.3亿元。

（三）坚持文化自信，"江南文化"品牌全面打响

启动"江南文化"品牌三年行动计划，深入挖掘、传播江南文化。开展地域文明探源工程，推动草鞋山遗址、御窑遗址等一批重要考古项目，元和塘古窑遗址获评省级"田野考古示范项目"。深化文旅融合，精心举

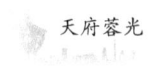

办"江南文化艺术·国际旅游节",创新推出"拙政问雅·夜苏博"、狮子林月季精品展等文旅项目,让市民和游客领略江南文化风韵。加快建设"运河十景"、大运河文化带和国家文化公园苏州段,建成开放平望文化街区、虎丘奇妙夜等文旅项目,助力运河活态保护。运行"苏作馆"上海国展中心旗舰店,建设丝绸、苏绣、香山帮营造技艺等非遗集聚区,碧螺春制作技艺列入联合国人类非遗名录。高标准打造"百馆之城",布局江南小剧场、江南小书场,2023年累计送戏下乡4336场次,服务观众22万人次,进一步丰富人民群众的精神生活。

(四)坚持品质提升,古城颜值展现动人魅力

不断优化人居环境、完善城市功能,压茬推进背街小巷整治、违法建筑拆除、户外广告规范等专项行动。积极开展"公园城市"建设,见缝插绿打造口袋公园。大力实施"清水工程",系统恢复历史河道水网,中张家巷河成功在原址恢复流淌,古城河道更加清澈透亮。持续推进古城渐进式、片区化和可持续更新,加快老旧小区改造,既有多层住宅加装电梯稳步推进。聚焦优化古城公共资源布局,疏解交通拥堵矛盾,研究制定了《关于控制古城范围内行政机构学校医院合理规模的指导意见》。

(五)坚持制度建设,名城保护体系更趋完善

获批全国首个"国家历史文化名城保护示范区",设立"苏州国家历史文化名城保护纪念日",组建名城保护集团,以最高规格实现名城保护议事机制常态运行,古城保护的体制机制得到进一步理顺。以世界眼光、国际标准做好古城总体策划,编制完成《历史文化名城保护"十四五"规划》,以及"历史文化保护传承三年行动计划""古城保护提升项目三年行动计划"。强化制度建设,出台《苏州历史城区城市更新试点工作实施方案》《苏州国家历史文化名城保护条例》《苏州市古城墙保护条例》等法规,成立古城保护专项基金,名城保护体系不断健全完善。

第二节 国外部分城市打造经验

根据世界文化名城论坛[①]2023年发布的数据，目前世界上比较知名的世界文化名城主要有纽约、巴黎、阿姆斯特丹、京都、伦敦等，它们或有着悠久的历史，或有着丰富的文化底蕴，是历史沉淀下的瑰宝。在城市建设过程中，它们都注重保护和传承本地区的文化遗产，同时也注重从多个方面来提高城市品位，这为城市吸引了大量的游客，推动了城市经济发展。通过借鉴国际经验来推动中国世界文化名城建设是非常必要和有益的（见表2-1），因此，本书主要分析和总结了世界文化名城建设过程中的一些经验。

表2-1 部分世界文化名城简要情况

城市	主要文化特质	所在区域
巴黎	法国的首都，以浪漫的氛围、世界级的美食和艺术场所而闻名。它拥有许多世界著名的博物馆、画廊和建筑，如卢浮宫、奥赛博物馆、巴黎歌剧院、圣母院、凯旋门等	欧洲
罗马	意大利的首都，是古代罗马帝国的中心。它拥有无数的历史古迹和文化遗产，如斗兽场、圣彼得广场等	欧洲
伦敦	英国的首都，一个充满活力和多样性的文化城市。它拥有世界著名的博物馆、剧院、音乐厅和艺术场所，如大英博物馆、国家美术馆、莎士比亚环球剧院、皇家歌剧院等	欧洲
雅典	希腊的首都，以古希腊文化和历史而闻名，拥有许多古希腊时期的遗迹和博物馆，如雅典卫城、帕台农神庙和奥林匹亚宙斯神庙等	欧洲
纽约	美国的城市，以其多元的文化基础设施和包容的文化而闻名，拥有许多艺术博物馆和文创产品	北美洲

---

① 世界文化名城论坛成立于2012年，由伦敦市政府发起，纽约、东京、香港等全球知名城市组建，是全球最大的世界城市间文化交流组织，在城市文化发展研讨、文化政策制定领域引领全球。论坛现有伦敦、巴黎、米兰、悉尼、巴塞罗那、纽约、奥斯汀、东京、首尔、阿布扎比、阿姆斯特丹、上海、广州、成都等41个会员城市。

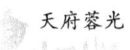

续表

城市	主要文化特质	所在区域
巴塞罗那	西班牙的城市，以其独特的建筑和设计风格而闻名，拥有许多历史和文化景点，如圣家族大教堂、兰布拉大道、哥特区等	欧洲
佛罗伦萨	意大利的城市，以文艺复兴时期的艺术和文化而闻名，拥有许多美术馆和博物馆，如乌菲齐美术馆、圣母百花大教堂等	欧洲
京都	日本的城市，以其古老的建筑和园林而闻名，拥有许多历史和文化景点，如金阁寺、清水寺、伏见稻荷大社等	亚洲
伊斯坦布尔	土耳其的城市，以其历史和文化而闻名，拥有许多博物馆和历史遗迹，如圣索菲亚大教堂、托普卡皮宫等	欧洲
耶路撒冷	以色列的城市，以其历史和文化而闻名，拥有许多宗教和文化景点，如耶路撒冷老城、哭墙等	亚洲
阿姆斯特丹	荷兰的首都，以文化创意和时尚设计而闻名，拥有较多独立设计师品牌与文创产品	欧洲

一、纽约经验

纽约是一个典型的移民城市，其历史文化遗产的保护和传承具有显著的移民特色。从美国建国开始，纽约就一直是全球人口最密集的移民城市之一。经过两百多年的发展，纽约已经成为一个拥有世界上最多人口的移民城市。由于移民是纽约的重要组成部分，因此纽约在城市建设中非常重视对移民文化的保护和传承，将其作为世界文化名城建设过程中的重要内容。为了守护并传承这份独特的移民文化，纽约市政府采取了切实有效的措施。首先，他们加强对历史建筑和文化遗产的保护，用实际行动捍卫了那些承载着移民记忆的文化符号。其次，各种文化活动和节日的举办，为移民文化的传承提供了肥沃的土壤和丰富的养料。此外，纽约市政府还积极携手全球各地的文化机构，共同推动移民文化的繁荣发展。

纽约的移民文化，犹如一道绚丽的文化彩虹，折射出这座城市的多元魅力。它不仅承载着纽约自身的历史和传统，更是全球文化多样性的重要组成部分。为了推广和传承这一独特的文化，纽约市政府始终不断努力，让更多的人领略到这座城市的独特魅力。同时，纽约的移民文化也为全球各地提供了一座沟通的桥梁，促进了不同文化之间的交流与融合。

（一）注重城市的保护

为了保护和宣传纽约独特的文化，自20世纪70年代起，纽约市政府就积极展开了一系列历史建筑修复与保护工程。这些建筑，诸如布鲁克林教堂、洛克菲勒家族博物馆等，不仅是历史的见证，更是纽约这座城市的精神象征。纽约市政府不仅致力于保护这些珍贵的历史建筑，同时也以一种独特的方式赋予了现代建筑以传统韵味。这种平衡历史与现代的举措，让纽约在尊重传统的同时，也能紧跟时代步伐，走在时尚前沿。

20世纪90年代起，纽约市政府在曼哈顿和布鲁克林地区精心打造了21个历史街区，并进行了细致的维护与更新。这些街区中的大部分建筑都保留了原有的风貌，经过妥善地保护，它们如同历史的画卷一般展开，娓娓道来。

为了提高这些历史建筑的利用率，纽约市政府采取了一系列激励措施。政府鼓励并引导居民、企业或政府机构将现有的建筑改造为文化、教育或其他具有公共服务功能的建筑，并根据一定条件给予一定的资金补贴。这一政策不仅赋予了这些建筑新的生命，更为纽约市的文化传承与发展注入了新的活力。这种平衡保护与发展的策略，既维护了纽约市的历史文化遗产，也为现代社会的发展提供了宝贵的空间，实现了历史与现代的和谐共生。

（二）注重完善文化基础设施

美国是博物馆大国，全国将近有 3.5 万家博物馆，仅纽约一地就有

100多家博物馆。纽约市政府为鼓励和保护博物馆及其周边文化产业发展，把历史文化建筑保护与文化产业发展相融合，对一些具有重要价值的历史建筑进行合理利用，将其作为博物馆、展览馆、学校等供市民参观和学习，使得纽约的博物馆成为最具特色的亮点（见表2-2）。

表2-2 纽约市部分博物馆介绍

博物馆名称	特色
大都会艺术博物馆	世界上最全面的艺术博物馆之一，有330万件艺术作品，涵盖埃及、希腊、罗马等地珍贵文物和艺术作品
美国自然历史博物馆	每年游客近500万人次，是一个拥有恐龙化石的科学博物馆，展览了几乎所有已知的动物和人类历史上出现过的动物
现代艺术博物馆	游客每年约300万人次，拥有大量的现代艺术作品，推动许多人的作品成为被大众认可的艺术，包括弗里达·卡罗、安迪·沃霍尔、毕加索、克劳德·莫奈和梵高等许多知名艺术家的作品都在现代艺术博物馆展出
所罗门·R.古根海姆博物馆	永久藏品中有康定斯基（Kandinsky）、夏加尔（Chagall）、米罗（Miro）、毕加索（Picasso）和梵高（van Gogh）等名人的作品，还有大量罗伯特梅普尔索普（Robert Mapplethorpe）的照片
航海航空航天博物馆	每年游客高达100万人次，曾经是一艘真实的航空母舰，在第二次世界大战和越南战争中服役，而现在是一个博物馆
惠特尼美国艺术博物馆	惠特尼双年展（Whitney Biennial）是该博物馆的标志性展览，展出了许多最有前途、最有影响力的艺术家作品，并引发了激烈的争论，它已成为美国当代艺术状况最重要的展示地
纽约市博物馆	以现实的建筑、公寓、公园道街道构成的城市景观文化，包括人、景象、声音，赋予它独特而鲜明的个性
纽约新博物馆	看起来像一堆高高耸立在鲍厄里大街上的盒子，是纽约当代艺术的新面孔
摩根图书馆&博物馆	这里收藏了大量的珍本书籍、手稿、素描和其他不寻常的作品。这些藏品一开始是金融家摩根（J.P. Morgan）的爱心之选，多年来一直在不断增长和扩大
美国印第安人国家博物馆（NMAI）	致力于增进对西半球土著文化的了解，支持文化的延续，传统的价值观和当代土著生活的过渡

（三）大力发展创意产业

纽约是创意产业的中心，纽约市政府鼓励企业积极创新，在城市建设中增加文化艺术设施，为文化艺术发展提供便利，设立专项基金用于支持企业创新，建立了完善的知识产权制度，包括商标、版权、土地等。为企业提供专门的优惠政策，包括税收减免、租金减免等。与此同时，还十分重视创意人才的培养，主要有以下几个措施：一是通过建立学校、大学、研究机构和企业间的联系网络，为学生和企业家提供创业培训和指导；二是完善教育体制，重视大学教育与职业培训的紧密结合，在大学开设与创意产业相关的课程；三是建立专门机构负责创意人才培养。这一系列举措使得纽约的创意产业发展与区域经济发展紧密结合，以文化产业作为经济增长点。纽约文化创意产业收入占 GDP 的比重逐年上升。

二、巴黎经验

巴黎地处法国北部，塞纳河西岸，是法兰西共和国的首都，是法国最大的城市，也是欧洲第二大城市，并被 GaWC 评为 Alpha+级世界一线城市。距今已有1500多年的建都历史，是法国的政治、经济、文化和商业中心，被称为浪漫、时尚、艺术、文化之都，亦被称为"花都"[1]。巴黎的标志性建筑包括埃菲尔铁塔、卢浮宫、巴黎圣母院等，其中卢浮宫既是世界著名的艺术中心，也是世界四大博物馆之一，拥有丰富的艺术和文化资源。

巴黎作为世界著名的历史文化名城，其对城市文化遗产的保护工作非常重视。早在19世纪中期，巴黎就颁布了《关于古迹及公园的法律》，这一法律将巴黎列为"世界遗产"城市之一，规定了巴黎历史城区的保护范围。1917年，巴黎又颁布了《关于文化遗产和古迹管理的法律》，其中明确规定："除另有规定外，巴黎市内所有建筑物，包括与建筑有关的所有

---

[1] "花"并不是鲜花的意思，而是指"浪漫之都"。

附属设施（包括道路、桥梁、广场、公园、学校、医院等）都必须得到保护"。在19世纪工业革命的推动下，巴黎走上了同心圆式的扩张道路（见图2-1）。然而，这一无序扩张带来了诸多问题，如城市规划的混乱、街道的狭窄、居住环境的恶化，以及历史建筑和文化遗产的破坏。

图2-1 巴黎以凯旋门为中心的同心圆式城市格局

（一）出台保护区制度，保护历史文化街区

在城市发展的历程中，巴黎作为一座具有深厚历史底蕴的城市，其建筑遗产的重要性被广泛认可。然而，大规模的城市改造导致部分中世纪和文艺复兴时期的建筑被拆除，引发了社会各界的广泛关注与深思。这些建筑承载着巴黎的历史与文化，它们的消失无疑是城市遗产的巨大损失。为应对这一状况，巴黎市议会于1964年根据先前颁布的《马尔罗法案》，果断决策并设立了马莱保护区[①]。该保护区的设立旨在确保巴黎历史文化建

---

① 马莱保护区曾经是国王和贵族居住的地区，花园、宅邸林立。18世纪末爆发了法国大革命，修道院、花园、宅邸被收归国有，分给贫民、手工艺人、小商人居住和使用。工业革命时期，马莱区又成为巴黎的主要生产作坊区，人们加建了大量仓库和作坊，古老的府邸被加层、改建，居住环境越来越差。随着居住环境的恶化，这里的居民阶层越来越低，又进一步恶化了居住环境。1962年，马莱区只有30%的住房拥有室内卫生间。此时马莱区的人口有7.4万，人口密度为5.87万人/千米²，远高于巴黎当时的水平（3万人/千米²）。

筑的核心区域得到最严格的保护，防止更多宝贵建筑的消失。马莱保护区不仅涵盖了重要的文物建筑，还对周边的街区进行了整体性保护，以维护历史风貌的完整性和连贯性。

同年，巴黎市议会着手编制马莱区的《保护与价值重现规划》。这一规划的制定经过了深入研究和广泛讨论，旨在实现保护与发展之间的平衡。规划强调了对文化遗产的保护，同时注重街区的活力与可持续发展。通过合理的更新和改造措施，街区得以保持其独特的魅力，避免了沦为毫无生机的"博物馆"。马莱保护区占地面积达 1.26 平方千米，拥有 176 幢珍贵的文物建筑和 526 幢已列入保护名录的建筑。这些建筑不仅具有极高的历史价值，还是城市发展的独特资源和机遇。在保护这些建筑的同时，也为街区的可持续发展提供了坚实的基石。这一系列保护措施的实施，彰显了巴黎市政府对历史遗产保护的坚定决心和明智决策。

政府关于历史文化建筑修缮事宜构建了一套完善的政策体系。根据相关政策规定，对于文物的修缮，须经国家相关部委严格审批，并可享受国家提供的相关费用补助。具体补助比例如下：对外开放的文物建筑，国家承担维修费用的 50%；未对外开放的建筑，国家承担 75% 的维修费用；已列入保护名录的建筑，国家承担 40% 的维修费用。若产权人拒绝维修，政府将采取必要措施，包括但不限于征用其财产。在拆除违章建筑与疏解人口问题上，政府采取了积极的应对措施。根据城市规划要求，逐步拆除违章建筑并恢复原有庭院与花园是解决这一问题的关键所在。通过拆除违章建筑并重新安置居民，马莱保护区的人口得到了有效疏解。截至 1975 年，马莱保护区居民人数已降至 4.7 万人，人口密度也降至 3.73 万人/千米^2。这些数据表明政府在疏解人口方面取得了显著成效。

在保障低收入居民的居住权益方面，政府也采取了一系列切实有效的措施。随着人口的疏解与居住环境的改善，马莱保护区的地价与房租有所上升。为缓解居住区分割产生的社会矛盾，政府采取了一系列措施，包括对低收入居民提供补贴、划定社会住宅区等。这些措施旨在保障低收入居民的居住权益，使他们能够继续享受居住环境的改善，避免被迫搬离。在推动历史文化遗产保护方面，巴黎采取了以点带面的策略。通过严格规划审批制度与保护区制度，巴黎成功地推动了整个旧城区的历史文化遗产保护工作。这些措施不仅确保了珍贵的历史遗产得以传承和发扬光大，也为城市的可持续发展奠定了坚实的基础。

（二）打造卫星城，拓展新空间，打造城市多中心格局

在城市发展的历程中，考虑到单中心模式所引发的交通拥堵、发展空间受限以及旧城区保护问题，巴黎市政府经过慎重考虑，采取了建设新城区的策略，以促进职住平衡和打造多中心城市格局。为达到职住平衡和多中心城市格局的目标，巴黎摒弃了传统的同心圆扩张方式。这一决策不仅基于对城市长远发展的深思熟虑，更着眼于通过分散人口和功能，优化城市空间布局，并有效保护历史城区。

具体行动之一是建设城市副中心和远郊新城。1958年，法国政府着手实施拉德芳斯新区的建设计划，作为这一战略的重要组成部分。拉德芳斯新区不仅有效地缓解了中心城区的压力，而且通过精心规划，保护了古都风貌，并为城市发展提供了新的空间，成功地解决了单中心模式的挑战，优化了城市空间布局，提高了运行效率，保护了历史文化遗产，为城市的可持续发展奠定了坚实基础。

拉德芳斯新区经过规划和设计的公共交通系统不仅规模庞大，而且涵盖了多种交通方式，包括公交、地铁、有轨电车、区域快速铁路和郊区铁路等，共同构建了欧洲最大的公共交通枢纽和换乘中心。该公共交通系统的设计理念注重前瞻性和人性化，遵循"人车分离"的原则。通过精心布局和合理规划，区域快线、地铁、火车、高速公路和有轨电车在地下空间得以有序分布，各种交通方式互不干扰，提高了通勤效率。这种设计不仅确保了交通的流畅与安全，更为乘客提供了便捷舒适的出行方式。统计数据显示，拉德芳斯公共交通系统每天承载着高达45万人

次的通勤流量，其中约85%的乘客选择公共交通作为首选出行方式。正是由于这种高效的公共交通网络，拉德芳斯新区得以吸引众多企业入驻。这些企业在新区的繁荣与发展中发挥着重要作用，共同见证了城市日新月异的变化。同时，企业的入驻也为新区注入了源源不断的活力，推动了城市的持续发展。

巴黎市中心的第1、第8、第9区银行和金融服务业已构成继伦敦之后欧洲第二大金融中心。20世纪50年代起CBD向西部格朗大道（Grands Boulevards）和第16区发展，国际公司总部、专业服务事务所以及国际组织机构在这一地区聚集，成为商务办公区。由于巴黎城市极端重要的历史遗产价值，因此，当商务产业发展到一定规模后，跳出老城新建CBD就成了巴黎发展的必然选择。20世纪70年代以后，巴黎商务空间的拓展主要集中在城市轴线延伸线上的拉德芳斯，一块750公顷的土地上聚集了多家全球顶级企业的办事处和1500家公司总部，其中更包括了法国的众多大型企业。这里有超过15万名员工集中上班，同时还有欧洲最大的购物中心——四季商场，成为巴黎市的核心商务CBD中心。此外，该区域在发展的同时，也充分考虑了对巴黎历史文化名城的保护。通过科学合理的规划，既提升了商务办公设施的效能，又为城市核心职能的拓展提供了广阔的发展空间，更确保了巴黎的历史文化风貌得以完好保存。

（三）注重文化功能分区与城市活力培育

文化因素在巴黎城市更新中成为主要的驱动因素。工业化时代衰退的内城往往就是历史文化建筑的集聚区域，这些历史遗产为巴黎日后的文化设施集聚提供了空间。在巴黎市区，75%的建筑建于1914年前，85%的建筑建于1975年前，受到保护的古建筑有3816座，法定保护区的面积达到全市用地的90%。由此，巴黎的城市空间主要以历史文化空间为主要布局，辅之以教育文化空间、创意文化空间、生态文化空间和商业文化空间等，这些元

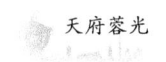

素共同构成了城市文化空间格局①，对于城市的文化传承、文化交流以及文化创新具有重要影响。巴黎将具有类似文化功能的空间进行规划聚集，形成功能互补的完整城市空间布局。巴黎市政府一面维修古建筑，一面利用重新开发物质遗产将历史文化空间还予市民。对过度商业化或废弃的车站、花园、街道等进行改造，向公众开放，并由政府资助国外艺术家到巴黎进行创作交流，提供低租金工作室，成立专业艺术管理机构。邀请艺术家街头创作，培育出创意文化空间，如随处可见的地铁表演者、街道上的艺术家、博物馆里的创作者。还有每年10月第一个周六举办的不眠夜活动，邀请市民享受夜晚巴黎，城市交通24小时运营保障市民出行，博物馆、画廊等免费开放，独立艺术家们会自行举办活动，各个街区街道都会有行为艺术表演，这种自由多元的文化创作交流氛围，使城市空间更具有吸引力与活力。

（四）保护与修复并重

巴黎拥有悠久的历史和深厚的文化底蕴，因此在城市建设中非常注重保护与修复并重，采用"修旧如旧"的方式来保护历史建筑。20世纪90年代以来，巴黎大力推动历史街区及历史地段建设和保护工作，并取得了很大成效。政府支持与公众参与相结合。巴黎在文化名城建设过程中非常注重调动公众参与文化名城建设工作的积极性。一方面，通过多种渠道来征集市民意见并给予一定数额的奖金来鼓励市民对城市建设提出建设性意见；另一方面，在对文化遗产进行修复和保护时，通过电视、报纸、网络等媒介向公众广泛宣传和普及文化遗产保护知识。

三、阿姆斯特丹经验

阿姆斯特丹既是荷兰的首都和最大城市，也是欧洲的港口城市之一，

---

① 在城市规划与发展中，城市文化空间格局是一个重要的概念。它指的是城市空间各层次与整体发展框架之间的文化资源整合与配置。这些层次包括各级各类文化服务设施、文化遗产资源、教育文化机构、文化产业空间以及公共文化活动场所等。

城市名称源于 Amstel Dam，意为一个位于阿姆斯特尔河上的水坝。作为荷兰第一大城市，经历了从渔村到大都市，破坏与重建的发展历程，悠久的历史塑造了阿姆斯特丹迷人的运河风景和极具包容性的社会文化，如今的阿姆斯特丹是一个各种文化共存的繁华港口城市，它不仅是荷兰的政治、经济和文化中心，同时也是欧洲最大的艺术中心，以其历史和文化、著名的国际大都市、独特的城市风貌和开放的社会观念而闻名。

（一）历史文化

阿姆斯特丹是一座拥有超过 700 年历史的城市，其发展起源于精明的商业活动。12 世纪，一些勇敢的冒险者利用原木凿空的船只从阿姆斯特尔河顺流而下。他们在阿姆斯特尔河周围的湿地之外建造了堤坝，这个堤坝就是现在阿姆斯特丹市中心达姆广场的起源。这些聪明的"阿姆斯特尔大坝建造者"开始向过往的啤酒商和鲱鱼商收取过路费。随着波罗的海东海贸易的迅速发展，这些人转变为专业的造船工人和酿酒人，为这座新兴城镇的发展提供了新的推动力。1275 年，该贸易城镇获得了特许通行费征收授权，并由荷兰伯爵弗洛瑞斯将其活动进行正规化。到了 1300 年，该镇获得了它的第一张特许状。

在 15 世纪末，阿姆斯特丹崭露头角。在西班牙占领安特卫普后，众多犹太富商纷纷逃至阿姆斯特丹，他们将随身携带的资金投入探索印度，此举随后引发了巨大的商业机遇。1602 年，荷兰东印度公司应运而生，而阿姆斯特丹市持有该公司的大部分股份。荷兰东印度公司成了全球首家跨国公司，由此掀起了空前的繁荣，使 17 世纪成为辉煌的黄金时代。

在此期间，阿姆斯特丹市经历了两次大规模的城区扩展，并首次将城市功能性和美观性纳入考虑范围。这一时期，著名的北海运河及约丹区（Jordaan）应运而生。同时，艺术领域也取得了蓬勃的发展。在 17 世纪上半叶，阿姆斯特丹的艺术家人数迅速增长，艺术事业得以迅速发展，艺术品交易商的人数也迅速增长。在短短三十年间，阿姆斯特丹便成为繁荣的文化中

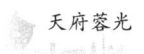

心，孕育出了伦勃朗·凡·莱因（Rembrandt van Rijn）、约翰尼斯·弗美尔（Johannes Vermeer）和扬·斯特恩（Jan Steen）等人的艺术杰作。

1876年，北海运河开始动工修建，这一重要事件使得阿姆斯特丹市得以与北海直接相连，从而为该市带来了巨大的转折。自此，阿姆斯特丹港口每天都有轮船停靠，进行贸易往来。由于与荷属东印度群岛（现今印度尼西亚）之间的贸易关系日益密切，阿姆斯特丹逐渐在全球香料贸易和珠宝贸易中占据了举足轻重的地位。

第一次世界大战期间，虽然荷兰一直保持中立，但国家食物严重短缺，因此爆发了"马铃薯骚乱"[①]，开启了阿姆斯特丹历史上的混乱时期，饥荒和对犹太人的迫害使得阿姆斯特丹失去了10%的人口。在两次世界大战之后，阿姆斯特丹的人口构成发生了迅速的变化。许多原住民选择离开城市，迁移到周边的卫星城，例如皮尔莫伦德（Purmerend）、荷恩（Hoorn）和阿尔默勒（Almere）。同时，苏里南（Surinamese）、土耳其（Turkish）和摩洛哥（Moroccan）等国家的移民开始涌入阿姆斯特丹，进一步增加了城市的人口。如今，来自180个国家超过92万人居住在阿姆斯特丹，这座城市的开放、包容和创新精神不断推动着城市向更高水平的发展，使其成为欧洲乃至全球的重要城市之一。

（二）核心打造

阿姆斯特丹作为一座文化名城，在经济、文化和城市建设方面都展现出了独特的魅力，积累了很多成功的经验，主要有以下四个方面。

一是明确城市定位。阿姆斯特丹作为世界文化名城，其文化定位与城市发展战略息息相关，阿姆斯特丹政府以打造"世界创意之都"为核心目标，将其置于城市建设与发展的核心位置，并制定了一系列相关的政策措

[①] 一战期间，为了抗议食品短缺、马铃薯太贵，阿姆斯特丹Haarlemmerplein广场发生"马铃薯骚乱"事件，士兵向人群开枪，导致9人死亡、114人受伤。

施和行动计划。为了实现这一目标，政府投入了大量的资源和精力，致力于推动创意产业的发展，将阿姆斯特丹打造成为具有国际竞争力的创意城市。

同时，阿姆斯特丹提出了"三个中心"的城市定位：创意中心、设计中心和制造中心。这"三个中心"的建设旨在推动阿姆斯特丹成为全球重要的创意、设计和制造中心之一。通过这些中心的建设，阿姆斯特丹将吸引更多的创意人才和企业聚集，推动城市经济的快速发展和产业结构的优化升级。

在创意中心方面，阿姆斯特丹拥有众多知名的博物馆、艺术馆和剧院等文化机构，以及世界级的音乐、电影和戏剧节等文化活动。这些机构和活动为创意人才提供了广阔的舞台和灵感来源，激发了他们的创新热情，推动了创意产业的繁荣发展。

在设计中心方面，阿姆斯特丹以其独特的设计风格和品牌形象闻名于世。从时尚、家居到工业设计等领域，阿姆斯特丹的设计师们不断推出创新的作品，引领着全球设计潮流。同时，政府还设立了专门的设计基金和设计周等活动，以支持设计师们的创作和发展，打造具有国际影响力的设计中心。

在制造中心方面，阿姆斯特丹拥有先进的制造业和生产技术，特别是在航空、半导体和新能源等领域具有世界领先的技术实力。这些产业的发展为城市的经济增长提供了强有力的支撑，也为创意产业的发展提供了良好的基础条件。

阿姆斯特丹政府通过打造"三个中心"这一战略的实施将为城市带来更多的发展机遇和经济效益，同时也将提升城市的国际知名度和影响力，吸引更多的人才和企业来到阿姆斯特丹，共同创造一个充满创新和活力的城市。

二是注重文化保护和传承。阿姆斯特丹市政府高度重视城市的文化遗产保护工作，为此专门成立了由市长领导的"文化遗产委员会"，全力以赴地致力于这项重要的事业。政府不仅积极鼓励民间组织的参与，并对他们的贡献给予了充分的肯定和资助。同时，阿姆斯特丹市政府也没有忽视市民的力量，他们积极发动市民参与城市的文化遗产保护，通过各种方式让每个人都成为城市文化保护的积极参与者。

阿姆斯特丹市的文化遗产丰富多样，包括历史悠久的建筑、珍贵的艺术品以及具有深厚历史底蕴的文化遗产地等。针对不同类型的文化遗产，政府采取了差异化的保护措施。例如对古建筑进行严格的保护，确保其不被破坏和改建；对于艺术品，给予一定的扶持和帮助，让这些珍贵的艺术作品得到妥善的修复和保护。同时，阿姆斯特丹市政府还十分注重文化遗产的传承和教育，他们通过各种途径让市民深入了解和认识自己的文化遗产，增强市民的文化自豪感和文化意识。

正因为有了这些措施，阿姆斯特丹市的文化遗产得到了有效的保护和传承，它们如同城市的灵魂，为这座城市的活力注入了新的源泉。市民们也积极参与到文化遗产的保护工作中，与政府共同携手，为城市的文化遗产保护贡献出自己的一份力量。

阿姆斯特丹市的文化遗产保护工作不仅限于物质文化遗产，还包括非物质文化遗产。政府鼓励市民和各种组织积极参与非物质文化遗产的保护和传承，通过各种方式让这些传统文化得到传承和发展。例如，政府可以提供资金支持，帮助非物质文化遗产传承人进行传承活动，举办非遗文化展览和演出等，让更多的人了解和欣赏这些珍贵的文化遗产。阿姆斯特丹市的文化遗产保护工作不仅提升了城市的文化品质和形象，也增强了市民的文化认同感和自豪感。通过政府和市民的共同努力，阿姆斯特丹市的文化遗产得到了有效的保护和传承，为城市的繁荣和发展注入了源源不断的活力。未来，阿姆斯特丹市政府将继续致力于文化遗产保护工作，为市民和游客呈现更加精彩的文化景观，让这座城市成为世界瞩目的文化中心之一。

三是重视旅游产业发展。阿姆斯特丹精心整合旅游资源，致力于为游客们提供丰富、优质的旅游产品与服务，将一次次难忘的旅行体验呈现给来自世界各地的游客们。这座城市的卓越之处在于，它不仅注重旅游资源的开发，还通过"欧洲之门"项目，将传统与现代、创新与艺术、商业与文化完美融合。这一宏伟项目，作为欧洲最重要的文化遗产项目之一，吸引了世界各地的目光与期待。

"欧洲之门"项目不仅为阿姆斯特丹带来了新的旅游资源和发展空间，更在推动文化交流和商业合作上发挥了积极作用。这一项目为阿姆斯特丹打开了一扇通往世界的大门，让各地的游客和投资者更好地了解这座城市的独特魅力与商业环境。通过这个项目，阿姆斯特丹的文化产业将迎来新的发展机遇，与其他国家和地区的文化交流也将更加频繁和深入。这不仅将为阿姆斯特丹的文化产业注入新的活力，也将为其他国家和地区的文化产业发展提供新的思路和借鉴。总之，"欧洲之门"项目将成为阿姆斯特丹旅游产业发展的重要里程碑，为欧洲的文化产业发展注入新的活力和动力。在这座城市的努力下，我们期待着在未来的日子里，能够继续领略到更多精彩的文化与旅游盛宴。

四是善于用文化创意产业打造世界级IP。荷兰素有"创意之国"和"设计之邦"的美誉，长久以来，荷兰首都阿姆斯特丹一直是艺术创意的"温床"，善于打造世界级IP，他能够将文化创意产业灵活运用在城市的发展中，在享受城市所提供的一切便利与资源的同时，也在反向滋润着城市的发展。阿姆斯特丹在艺术博览会的文创孵化（MICE incubation）方面具有显著优势。每年3月都会召开"欧洲艺术博览会"，聚集世界20多个国家200多个展商及逾7万观众，这不仅奠定了荷兰在国际艺术市场上的标杆地位，还为当地旅游淡季创造了巨额收入。同时还在博物馆的文创IP孵化（creative IP incubation）方面走在前列，最具代表性的就是梵高博物馆[1]，博物馆玩转文创衍生品开发及营销战略，馆内与梵高有关的文创产

---

[1] 梵高博物馆位于荷兰阿姆斯特丹市内，收藏有梵高黄金时期最珍贵的200幅画作。

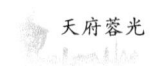

品种类不胜枚举，衣服、鞋帽、文具、瓷器、挂件等应有尽有，广受世界各地参观者喜爱，衍生品销售收入成为博物馆的重要收入来源。又比如荷兰国家博物馆[①]在科技文创产品开发方面一直值得其他博物馆借鉴，博物馆一方面展示珍贵藏品，另一方面通过开发互动体验、VR、飞行员游戏、骑行移动车景等文创体验类服务，打造"博物馆+科技"的标杆，让数字技术服务文化艺术。

与此同时，阿姆斯特丹还重视让城市古迹与商业空间和谐共生，在保护历史文化遗产的同时，通过巧妙的规划和设计，在古迹和商业之间找到一种平衡，让它们和谐共生，相得益彰，满足现代商业发展的需求。最具代表性的就是阿姆斯特丹的教堂书店，多米尼加教堂经历了二战军事用地、市镇档案室、自行车车库的演变，于2006年被改造为全世界观止的教堂书店。书店开业时，邀请荷兰著名音乐家Herman van Veen，在此举办了300人的音乐会，之后荷兰著名艺术家相继在此举办作品展和文化活动，教堂书店成为荷兰城市文化艺术空间的代表。又譬如EYE新荷兰电影学院，它是城市荒地成为人文新地标的完美例证，电影学院坐落于阿姆斯特丹城市中心地段、鹿特丹新区，曾是一片孤立、不对公众开放的荒地。通过开发建设，电影学院独特而醒目的外观与这座城市高品质的文化输出相得益彰，更展现出阿姆斯特丹作为世界顶尖的文化名城形象。

四、京都经验

京都市位于日本关西地区，既是日本京都府府厅所在地，也是政令指定都市之一。京都作为日本的千年古都，是日本人的精神故乡，是日本文化的起源点，一座京都市浓缩了日本的千年文化。京都打造世界文化名城可谓是占据天时地利人和。京都拥有极其丰富的历史文化资源，光是列入世界文化遗产的古迹就有17个之多。日本政府和京都市为了保护和发扬京

---

① 荷兰国家博物馆（又称阿姆斯特丹国家博物馆），作为荷兰最大的博物馆，馆内收藏超过9万件艺术作品，艺术流派包罗万象。

都丰富的历史文化资源做了许多的努力。

（一）旧帝国时代

京都是日本千年的都城。自794年恒武天皇迁都平安京（京都），直到1868年明治维新，京都都是日本的国都，即便是在进入幕府时代之后，天皇大权旁落，幕府将军长期也另有驻地的情况下，京都还是日本不可动摇的国都。在长期的历史发展中京都也形成了其丰富的文化内涵和城市景观。京都最早的城市规划是仿照唐代的长安城建造的，分为东西两京。应仁之乱后由于战乱，平安京遭到了严重的摧毁，直到丰臣秀吉时才开始重建。今天我们看到的京都市也就是以那时的重建为基础的。

戊辰战争之后，由于战乱，京都遭受了严重的破坏，加上新政府迁都东京，天皇也离开了京都，其时京都面临严重的文化危机。明治维新开始后，日本全面向西方学习，建立现代的各项制度，京都作为旧势力的代表，失去了政治和经济上的重要功能，只能作为日本旧文化的怀旧之地，这样的定位反倒使得京都的各种传统文化能够渡过难关，顺利地保存下来。当时的《皇室典范》就规定天皇的即位和大尝祭（即位后首次新年庆典）必须在京都举行，保存了京都神圣的地位。

京都文化真正的复兴始于1895年，当时的日本国势强盛，借着京都建城1100周年之际，开始了大规模的城市改造。1895年在京都冈崎公园附近举办第四届国内劝业博览会，围绕博览会的举办，当时的京都为了让国民能够方便地参观文化遗迹，特意规划了专门的电车线路，并围绕着博览会建立了博物馆等公共设施。那时起京都便已经成为一座极负盛名的文化旅游城市。京都也是一座具有美学意义的城市，这一时期京都成为旧日本时期大量文人墨客笔下的常客，他们以京都为平台写作了大量的作品，其中有名的有夏目漱石的《抵京之夕》、柳宗悦的《京都晨市》、北大路鲁山人的《香鱼胜地》《京都的石伏鱼茶泡饭》、芥川龙之介的《阿忍》等，这些文学作品中所营造的京都的唯美与物哀进一步加深了世人对于京都的好奇与迷恋。

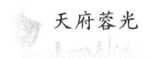

（二）战后状况

由于在二战时京都受到美军的轰炸较少，因此京都的文物古迹都得以保存。战后日本继续加强文物保护的立法工作，日本政府在文化遗产保护方面始终秉持严谨、稳重、理性的态度，制定了一系列法律法规以落实对传统建筑群的保护原则。1950年颁布的《文化财保护法》、1966年的《古都保存法》以及1975年修订的《文化财产保护法》均是日本在文化遗产保护方面的重要里程碑。

随着时代的发展，为应对现代建筑与经济活动的挑战，日本政府并未放松对文化遗产的保护力度。为确保古建筑的保护与现代建筑相融合，政府制定了如2001年的《文化艺术基本振兴法》和2006年的《观光立国推进基本法》等法律，为文化遗产的保护提供了法律依据。这些法律法规的制定与实施，充分展现了日本政府对文化遗产的重视与保护决心。在现代化进程中，日本政府始终致力于传统文化的传承与发展，确保传统建筑在现代化进程中得到妥善保护与传承。

京都市政府也制定了地方的文物保护条例，如1972年《京都市街地景观保存条例》《市历史景观条例》等。其中最值得注意的是1950年制定的《京都国际文化观光都市建设法》，这是战后京都市规划和开发的主要纲领，这一规划也表明日本政府对京都的定位就是以文化和旅游为核心的。1994年，京都的多处古迹被列入世界文化遗产名录。京都已成为日本具代表性的观光都市和文化都市。

当然，京都绝不仅仅是吃老本，其历史文化资源虽然丰富，但现代文化产业也同样发达。日本动漫产业闻名世界，京都动画公司便是日本动漫产业的代表，出品了一批有较高质量和知名度的动漫产品，比如《凉宫春日的忧郁》《冰菓》等。

同时京都还积极进行宣传。在日本的许多动漫、电视剧和小说中，京都都是出现频率极高的城市。2003年上映的名侦探柯南剧场版《迷宫的十字路口》便是以京都为舞台，在有限的电影时长中随着主角的脚步，逐步展现京都的风土人情和街道景点，伴随樱花飘落的场景，给观众营造出一个梦中的香格里拉。

2019年12月，京都市的国立京都国际会馆召开了一场国际会议，议题为"旅游与文化"。联合国世界旅游组织（UNWTO）与联合国教科文组织（UNESCO）共同主持了该会议。全球约有70个国家参加，包括各国负责旅游振兴的部长级首脑在内，与会人员约1500人次。会议以"投资未来的世代：观光、文化、SDGs"为主题，聚焦"文化传承""地域社区""人才培养"等方面，就旅游和文化领域如何助力实现联合国提出的SDGs（联合国可持续发展目标）目标展开讨论。京都市长门川大作介绍了当地独特的实践模式——"京都模式"，提出了通过建构"地域社区""文化""观光"的理想关系，来助力实现SDGs。他展现了京都人力求市民生活与国际旅游的和谐共存，应对已然成为世界性课题的过度旅游问题的积极姿态。

总结来看，京都为成为世界文化名城所采取的措施有以下几点。

一是发展历史文化旅游。京都拥有丰富的历史文化资源，因此开发历史文化旅游资源，吸引更多的游客前来参观和旅游。通过旅游的方式，让更多人了解和认识京都的历史文化。

二是加强历史文化教育。历史文化是京都的灵魂，京都市加强对青少年的历史文化教育，让他们了解和发扬自己的文化传统。通过文化教育的方式，让更多人了解京都的文化底蕴。

三是提升城市规划和管理水平。京都精细化管理城市规划和人口分布，加强基础设施建设，减少城市交通拥堵。同时，还加强对城市环境和文化遗产的保护和管理，确保城市的可持续发展。

四是推动文化创意产业发展。京都借助自身的历史文化资源，发展文化创意产业，如动漫、游戏、影视等。通过文化创意产业的发展，进一步推动京都的历史文化建设。多管齐下之下，又凭借得天独厚的优势，京都在世界文化名城打造进程中特性明显。

第三章

历史赓续：成都世界文化名城建设中的天府文脉

从古蜀文明到天府文化，从"两山夹一城"到"一山连两翼"，当今日之成都又一次站到新"千年之变"的起点，我们发现，无论未来城市格局如何改变，滋养成都千年的文化根脉从未变，并为这座超大城市的茁壮成长提供丰厚滋养。延续了数千年的文脉恰似如今贯穿成都南北的天府大道，形塑了天府文化的魂魄与精神，既是烟火成都的精神底色，也是支撑成都迈向新"千年之变"的壮志雄心，为成都建设世界文化名城提供了不竭动力。

第一节 从古蜀文明到天府文化

从岷江流域的群山之间到一马平川的四川盆地，古蜀国千年的迁徙史，更是一部波澜壮阔的巴蜀文明史。"一年成聚，二年成邑，三年成都"，物产丰富的平原造就了巴蜀的富庶，也孕育了博大精深、瑰丽多姿的金沙文明和巴蜀文化。秦汉两代,"李冰治水,文翁化蜀",从此蜀地"水旱从人,不知饥馑";天府之国在盛唐时期的经济地位甚至超过了长安、洛阳,史称"扬一益二"。而唐宋两代掀起的"天下文人皆入蜀",更推动巴蜀文化在两蜀时期跃居全国之首,并由此开启了两宋时期的繁荣局面。五千年历史在成都留下了太多的印迹,都江堰、温江鱼凫村古城、金沙遗址、杜甫草堂、青羊宫、宽窄巷子、文翁石室、蜀王府、水井坊、望江楼……这些是历史,也是文化,它们是巴蜀延续千年的文脉,更是天府文化的延续。

一、文化萌芽的先秦时期

巴蜀地区古文明可以追溯到距今6000年前,但当时的古文明并没有出现在成都平原,而是在川东三峡和川西地区。成都平原目前发现的最早的古文明应该是中兴场文化。这一文化范围很广,具体到成都地区,主要是在羊子山发现了中兴场文化的遗迹。4000多年前,成都平原上出现了宝墩文化,范围大致在今天的新津、郫都、温江、都江堰、崇州等地,宝墩古城是川西地区发现的最早、最大的古城。在广汉发现的三星堆遗址距今已有3000至5000年历史,是迄今在西南地区发现的范围最大、延续时间最长、文化内涵最丰富的古城、古国、古蜀文化遗址。现有保存最完整的东、西、南城墙和月亮湾内城墙。三星堆遗址被称为20世纪人类最伟大的考古发现之一,昭示了长江流域与黄河流域一样,同属中华文明的母体,被誉为"长江文明之源"。位于成都的金沙遗址是古蜀文明的又一重要代表,时间大约在公元前12世纪至公元前7世纪,也就是商周时期。金沙遗址极有可能是三星堆文明衰落后在成都平原兴起的又一个政治、经济、文化中心,既是古蜀国在商代晚期至西周时期的都邑所在,也是中国最重要的先秦时期遗址之一。金沙遗址出土的太阳神鸟金箔透露出古蜀文明的信仰,由于其兼具艺术性、历史性,因此被作为成都的形象标识。

以上都是通过考古发掘的古蜀文明的遗迹,时间已经比较久远。东晋人常璩在《华阳国志》中记载了古蜀的传说,但由于乃后人追记,因此很难称得上信史。在先秦最重要的史书《春秋》中,几乎找不到关于巴蜀文明的记载。春秋时期,巴蜀地区几乎不参与当时各诸侯国的纵横捭阖,仿佛独立于尘世,没有任何的存在感。现存关于当时巴蜀地区的记载,大多是秦汉之后的追记,且带有较为浓烈的传说色彩。综观《春秋》及春秋三传,所涉巴蜀地区甚少。战国时期,巴蜀地区的存在感逐渐增强,特别是蜀国和秦国的关系是当时非常重要的主题。秦国正是在灭巴、蜀取得四川之后,才有了统一六国的基础。春秋战国时期的巴蜀文化还处于较为原始的阶段,相较于东方地区(如齐鲁、宋楚、三晋等地),较为落后。战国时期百家争鸣,严耕望先生在《战国学术地理与人才分布》一文中分析了战国时各地区的人才和学派分布,发现齐鲁、宋楚、三晋等地区皆人才济济,巴蜀地区则完全是学术荒漠,毫无建树,即便是为秦所并之后,由于秦国本身"风俗尚武,不重学术",商鞅变法之后也是"法家当政,不但政主专制,学崇一家,即同派学人,亦先居者排斥后来"[1],导致战国时期巴蜀地区文化发展长期滞后于东方地区。

当然,这一时期巴蜀地区亦不是毫无文化上的建树。秦并巴蜀之后,对该地进行了大规模的开发建设。一是筑成都城,二是修建都江堰。

张仪和张若首筑成都城,雄伟异常,为之后成都的城市格局奠定了基础。秦还在成都发展以冶铁业为核心的手工业,产品销往西南各地,成都成为当时重要的工商业城市。秦昭王后期(约公元前276年—公元前251年),蜀郡守李冰总结了前人治水的经验,组织岷江两岸人民,修建都江堰。都江堰修建之后则使得成都平原从此免受水患,成为"水旱从人,不知饥馑,时无荒年"的天府之国,促进了天府农桑文明的发展。不仅如此,李冰还进一步疏通成都对外交通的河道,促进了成都的对外文化交流,加强了巴蜀文化与其他各地文化的融合。这些都为之后巴蜀地区的发

---

[1] 严耕望:《严耕望史学论文选集》,中华书局2006年版,第53页。

展作了奠基。

二、文教兴起的秦汉

秦汉时期，经历了长达500年的战乱之后，国家重新归于统一，战国时期出现的新型经济形式在这一时期得到快速发展，专制主义中央集权制度正式确立。秦汉时期建立的一整套制度模式为之后历朝历代所继承。巴蜀地区在秦汉时期得到了较快的发展。汉武帝时期，以成都为中心，开发西南夷。大量官吏、军队来到成都。旧成都城已不适应发展需要。元鼎二年（公元前115年），下令重筑成都城。成都重筑之后取得了飞速的发展，到西汉末年成都已经成为全国少有的大都市，工商业发达，王莽新政时特意在成都设五均官。

秦汉时期成都平原的文化取得了突飞猛进的进展。在文学方面，汉赋四大家有两位都在巴蜀地区出生成长。其中具有代表性的就是著名辞赋家司马相如。司马相如（公元前179年—公元前118年），字长卿，蜀郡成都人。司马相如一生在仕途上面没有什么大的建树，但却是中国文学史上的一颗耀眼的明星。《汉书·艺文志》共著录司马相如29篇作品，今天尚存的有6篇。他的《子虚赋》《上林赋》被认为是汉代文学正式成熟的标志。司马相如还有一个脍炙人口的爱情故事流传后世。他与临邛（今四川邛崃）富户的女儿卓文君相爱，但由于卓文君乃寡妇，其父不愿二人在一起，司马相如便与卓文君私奔。为了维持生计，二人在临邛开了一家酒店，卓文君当年卖酒用过的井也被称为"文君井"，是邛崃的著名景点。

两汉时期经学兴盛，成为当时的学术主流。《史记·儒林列传》载："自是之后，言《诗》于鲁则申培公，于齐则辕固生，于燕则韩太傅。言《尚书》自济南伏生。言《礼》自鲁高堂生。言《易》自菑川田生。言《春秋》于齐鲁自胡毋生，于赵自董仲舒。"[①] 由此可知与战国时一样，在

---

① 司马迁：《史记》，中华书局1959年版，第3118页。

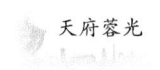

汉初中国的学术版图中，巴蜀地区依然是缺位的，没有获得儒家经典的主流传承。但这并不代表巴蜀地区就是文化荒漠。巴蜀虽然在起步上慢了一步，但却奋起直追。这一时期较为有名的文化事件就是汉景帝时蜀郡太守文翁在成都修建学堂，称为"石室"。史称："又修起学宫于成都市中，招下县子弟以为学宫弟子。……县邑吏民见而荣之，数年，争欲为学宫弟子，富人至出钱以求之。……蜀地学于京师者比齐鲁焉。"文翁修石室是巴蜀文化史上的一个重要里程碑，极大促进了巴蜀文教事业的发展。当然，文化发展上的差距不是短时间内能够赶超的，即便经过文翁的兴学，纵览两汉，巴蜀的经学发展一直是滞后的，虽然东汉时较前已有大发展，但依然未出有影响力的经学大家，这主要是跟巴蜀几乎没有儒家的学术传统有关，当时经学兴盛之地往往是从战国时候即有师承，并存有典籍躲过秦火的地区，因此集中于燕赵齐鲁之地。但文翁开地方政府办学的先河，为后世所继承，巴蜀也逐渐重文兴学，为后世文典大盛奠定了基础。

三、乱世求安的三国两晋南北朝

三国两晋南北朝时期由于北方长期战乱，因此有大量的士人避居巴蜀。这一时期相较于北方，更为安定的社会环境极大促进了巴蜀地区文化的繁荣。东汉末年，刘焉、刘璋父子相继任益州牧，偏安一隅，保境安民，使得益州在乱世之中得以稍安。刘备入蜀之后，大量的荆州士人进入巴蜀，虽然与益州当地豪强产生矛盾与冲突，但也促进了两地的文化融合。三国时期，蜀汉定都成都，诸葛亮治蜀对于蜀汉经济文化发展具有深远的影响，可以说诸葛亮是整个巴蜀地区历史发展进程中一个非常关键的人物。围绕诸葛亮，历朝历代有无数的文化产物，其在后世更是被抬高为神仙一般的人物。诸葛亮治蜀正法度、明赏罚，又重视农业发展，蜀中风气为之一变。诸葛亮非常重视水利事业，特别保护都江堰水利工程。他还大力发展蜀锦、盐业和茶业，使它们成为蜀汉财政的重要收入来源，以此为经济基础支持北伐。《三国志》称诸葛亮其时"于是外连东吴，内平南越，立法施度，整理戎旅，工械技巧，物究其极，科教严明，赏罚必信，无恶不惩，无善不显。至于吏不容奸，人怀自厉，道不拾遗，强不侵弱，风化肃然也"[1]。诸葛亮还积极办学，为蜀汉培养人才，设立劝学从事，当时蜀汉的著名学者谯周便担任过此职。诸葛亮以身作则，为官清廉，赏不避仇，罚不避亲，深刻影响了蜀中的社会风气。直到诸葛亮去世之后很长一段时间，蜀中百姓依然会想念他。经过后世的文学加工，诸葛亮成为中国历史上智慧和忠诚的化身，对中华文明产生了深远的影响。

西晋末，北方经济文化遭严重破坏，公元306年李特之子李雄在成都称帝，他与民休息，广兴文教，使得巴蜀地区在乱世中得到了相对的安宁和发展。但总的来说，两晋南北朝时期由于战乱，巴蜀地区的经济文化实际上是出现停滞甚至有所凋零的。虽然魏晋南北朝时期被认为是中国古代思想史上的一个高峰，但巴蜀地区似乎并未在其中扮演重要的角色，这一时期在中国文化舞台上担任主角的是作为东晋南朝核心区域的江南地区。

对于巴蜀地区来说，这一时期有代表性的特色文化是宗教。魏晋南北朝时期是佛教和道教迅速发展的时期，佛教在这一时期逐渐完成了本土化，迎来了"南朝四百八十寺"的兴盛局面。成都地区也不例外，魏晋南北朝时期成都地区佛教盛行，今天可以看到很多那个时候流传下来的佛教造像。这些佛像不仅具有艺术价值，也促进了人们的思想交流和文化融合。有许多僧人活跃于成都地区。据记载西晋时已有僧人在成都地区活动，传说中印度宝掌和尚于此时"入蜀礼普贤"。而慧持入蜀则是佛教正式传入四川之始。当然，成都地区更为人所知的是其兴盛的道教文化。位于都江堰的青城山被誉为中国四大道教名山之一，是成都地区最重要的景区之一。东汉末年，天师张道陵在四川创天师道，于青城山中修炼，从此青城山成为道教名山，历朝历代，多有道门修士修道于蜀中，使得四川的

---

[1] 《三国志》，中华书局1959年版，第930页。

道教文化长盛不衰。

四、繁华包容的隋唐五代

隋唐时期是中国历史上的鼎盛时期，整个国家经济发达、文化繁荣，这一时期的巴蜀地区也迎来了一个繁盛时代。

隋唐五代时期的成都是文学的城市，许多文人墨客出生或旅居于此，他们在此创作出大量脍炙人口的作品。白居易就曾感叹"诗家律手在成都"。初唐四杰曾先后入蜀，之后唐代的著名诗人如高适、岑参、元稹、白居易、刘禹锡、贾岛、李商隐、温庭筠、张说、孟浩然、张九龄、王维、沈佺期等都曾到过成都。唐代大诗人杜甫亦曾旅居成都，并在成都创作了200余首诗歌。其中脍炙人口的千古诗篇和名句比比皆是。比如"出师未捷身先死，长使英雄泪满襟""窗含西岭千秋雪，门泊东吴万里船"等。当然，杜甫最为人乐道的还是他对民间疾苦和底层人民同情的诗句，比如著名的《茅屋为秋风所破歌》，就展现了他"大庇天下寒士俱欢颜"的崇高理想，至今依然熠熠生辉。著名女诗人薛涛亦曾旅居成都。隋唐也是中国画成熟的时期，成都在唐五代时是重要的绘画中心，画圣吴道子两游巴蜀，在唐玄宗的要求下一日绘出了"嘉陵江三百余里"的风光，开创了中国山水画的新时代。晚唐五代花鸟画的巴蜀派也在此时兴起，著名花鸟画家刁光胤旅居巴蜀30余年，巴蜀画家黄筌受业于刁光胤开创了黄筌画派。这一时期成都地区的音乐戏剧也处于鼎盛期。杜甫就曾写下"锦城丝管日纷纷，半入江风半入云。此曲只应天上有，人间能得几回闻"的诗句，赞美成都音乐的悦耳动听。

这一时期，成都平原的经济也极为发达，农业、工商业都盛极一时，蜀锦、造纸、制瓷、漆艺等都是闻名全国的重要产业。工商业的高度发达也为当时的文化发展奠定了坚实的基础。其中，造纸业兴起于唐德宗时期。巴蜀造纸业以成都浣溪沙两岸为中心，主要是因为浣溪沙水质优良，浣溪沙两岸造出的纸属于名贵的上乘品，一纸难求。在广都（今双流）则有另一种纸，主要用于包装、印刷等，质量相对较差，但价格低廉、供应量大，与浣溪沙的纸相互补充，满足不同的市场需求，共同构成了成都造纸业的繁盛。纸是文化的重要承载工具，造纸业的兴盛也促进了巴蜀地区印刷业的发展，为天府文化的繁荣和兴盛作出了巨大的贡献。

五代时期天下大乱，政权更迭频繁，但这一时期的巴蜀却出现了一波文学高潮。五代时后蜀广政三年（940年），赵崇祚编《花间集》，收录了包括晚唐温庭筠等18人的作品500首，共十卷。作品的年代大概从唐开成元年（836年）至欧阳炯作序的后蜀广政三年，大约有一个世纪。其中收录得最多的是温庭筠的作品，共66首，孙光宪共61首、顾敻共55首、韦庄共47首，最少的是鹿虔扆和尹鹗的作品，各6首。《花间集》之所以会产生于四川，跟词人多为巴蜀人有关。《花间集》开北宋词风大盛的先河，在中国文学史上具有重要的意义。

五、文化造极的两宋

两宋时期是中国文化极度繁荣的时代，陈寅恪先生曾说"华夏民族之文化，历数千载之演进，而造极于赵宋之世"。在这样的时代背景下，天府文化也迎来了它的繁盛。文化的繁盛核心体现在人。两宋时期，成都平原可谓是人才辈出。

两宋蜀中多名士，其中最为出名的莫过于眉山三苏。苏氏父子三人皆是举世闻名的文学家，特别是苏轼，文学上的造诣在整个中国历史上都是首屈一指。苏轼多次在诗文中提到家乡眉山如"吾家蜀江上，江水绿如蓝""我家江水初发源，宦游直送江入海""我家峨眉阴，与子同一邦。相望六十里，共饮玻璃江""江南春尽水如天，肠断西湖春水船。想见青衣江畔路，白鱼紫笋不论钱"，这些皆是对家乡眉山的深深思念。其次则是华阳范氏家族，这一家族的范镇、范祖禹和范冲都是北宋时期著名的史学家，参与了《新唐书》《资治通鉴》和北宋皇帝实录的撰写工作，在当时的政坛和文化界都有举足轻重的地位。

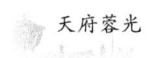

学术上，两宋时期是理学兴起并成为中国官方意识形态的时代，成都平原也产生了优秀的理学家，为中国思想史的发展作出了贡献。其中最为出名的代表当属出生于蒲江的理学家魏了翁。魏了翁是朱熹去世之后扛起南宋理学大旗的代表人物，在理学史上起着承前启后的作用。魏了翁的思想核心可以以"三才一本，道器一致"为其本。他实际上颠覆了朱熹的心性论，认为"人之一心，广大而精微，宽裕而密察"，甚至提出"天只在此心"的命题，将心提到了本体的地位，其学术气象较之朱熹，实则更近陆九渊，亦开明代理学的先河。因此有说法称魏了翁传承创新了朱熹的理学思想，恐怕值得商榷。朱熹在心性论上主张"心统性情"，在朱熹那里体用指的是性情，也就是性为体，情为用，心则是贯穿性情的总体范畴，或者可以说作为性情的承载物。朱熹本质上依然是性体而非心体说，魏了翁的思想则基本可以归于心体说，这是两条不同的学术路径。但这并不有损魏了翁的地位与思想，圣人之学本就不应有门户之见。

北宋时在四川还发生了一件在中国乃至世界经济史上都影响深远的大事，也就是交子的出现。交子是世界经济史上最早的纸币，在货币发展史上有至关重要的作用。这一有重大意义的标志性事件发生在北宋时期的四川并不是偶然，是有深厚的历史背景的。唐代以来，巴蜀地区经济得到长足增长，商业繁荣，原本的铜钱已经不足以支撑如此巨大的交易量，由于当时铜本身比较稀缺，因此巴蜀地区便使用铁钱来弥补铜钱的不足，在宋初甚至还禁止铜钱流入巴蜀。由于铁钱自身价值较低且笨重，导致使用极为不便，在这种环境下，交子也就应运而生了。交子最早借鉴唐代的飞钱，也就是一种有价证券。交子刚开始是由私人发行，这无疑会造成很多的弊端，宋仁宗天圣元年（1023年），正式成立交子务，由官方发行交子，完成了这一开天辟地的壮举。

六、首领西南的元明清

元明清时期是天府文化快速发展，逐渐成型的时期，我们今天看到和感受到的天府文化的许多内容，都能追溯到明清时期。

元明清时期成都地区的一个重要文化特点就是市民文化的兴起。随着元代工商业经济的发展，市民阶层逐渐兴起，他们的文化需求需要得到满足，因此应运而生了大量的通俗文化。有代表性的有元杂剧、明清的通俗小说等。巴蜀地区同样有兴起的通俗文化，其中许多流传至今，依然是巴蜀地区人民群众喜闻乐见的文化形式。其一便是川剧，现在普遍认为川剧最早出现于明代，这个时期的川剧只是用方言演出的杂剧。明代散曲家陈铎曾写过一首《朝天子·川戏》以嘲讽当时川剧的唱腔问题。今天我们看到的川剧则大概在清代成型并逐渐形成了四个流派。川剧是极具有成都地方特色的戏曲，唱时多用巴蜀的本土方言，且以当地音乐作伴奏，演出剧目则多是三国时期蜀汉人物的故事。其二则是茶馆。成都地区的茶文化有着悠久的历史，茶馆文化则兴起于明清时期。成都的茶馆价格低廉，因此即使是平民百姓也能消费得起。且茶馆不只是喝茶的地方，更是一个公共空间，其中透露出的是成都地区的大众文化。老百姓在茶馆谈天说地，交换信息，休闲娱乐甚至还作为了就业市场，充分显示出明清时期成都市民文化的极度发达。

这一时期四川的文教事业也得到了长足的发展。明代以来成都书院兴盛，先后出现了子云、大益、浣花等著名书院。明末清初，由于战乱，特别是张献忠对于四川的毁灭性破坏，四川文教衰微。清朝建立之后，四川元气逐渐恢复。1704年，四川按察使刘德芳在成都建立锦江书院，由于建立了严格的管理办法并聘请了一大批优秀的老师，锦江书院逐渐成为四川各书院之首，在全国也有一定地位。除了锦江书院，成都地区还建设了其他不少书院，共同构成了清朝四川地区的教育体系，到咸丰同治年间，四川各府州县的书院学生已经达到3万余人。明清时期天府文化的代表是杨慎，他是新都人，史称"慎以博学冠一时"。大家耳熟能详的《三国演义》开篇的那首《临江仙·滚滚长江东逝水》即杨慎所作。

成都作为西南地区重要的交通枢纽，在明清时期商业贸易也极为发达。明代时通过成都与青藏高原地区进行茶马贸易是盛极一时的,特别是当时成都平原地区人口稠密,经济发达,购买力也比较强,商业的繁盛乃鼎盛。

梳理古代天府文化史可以发现,巴蜀地区的文化在中华文明早期其实相对于东中部地区是落后的,文化的深度和精度都不如文化发达的核心地区。特别是在早期学术发展上,原创性成果和思想的活跃度都是较弱的。但自文翁兴学起,魏晋以后随着巴蜀地区与其他地区的交流逐渐密切及社会的安定,天府文化后来居上,迸发出无限的活力与生机,特别是大量外来人口的迁入,使得天府文化能够不断更新再造,永远保持旺盛的生命力,最终成为中华文化的重要组成部分,为中华文化作出了不可磨灭的贡献。天府文化的发展史启示我们文化的繁盛不只在于早期的辉煌,更在于不断创新的持久性和对文明发展的积极引导。

第二节　天府文化的生态基底

人与自然是相互联系、相互依存、相互渗透的,自然环境及其演变对于人类社会及经济文化发展具有重要影响。我国地域辽阔,有着优越而独特的自然环境,中华民族与中华文明的孕育和持续发展也因此有了得天独厚的环境条件。在丰富多样的自然环境中,中华民族创造了异彩纷呈的灿烂文化。天府之国的居民繁衍生息于一片山川秀美的沃土,生发和滋养了悠长厚重、独具魅力的天府文化。天府文化伴水而生、依山而长,其形成过程、表现特征、发展道路和演化机制等一系列重大问题都与蜀地的奇山秀水息息相关。成都的周边,依海拔的不同,依次形成了从平原到浅丘、草原、高原、雪山垂直分布的自然空间,生态环境的多样性造就了自然资源的丰富性,多条大江大河为这座城市带来了丰富的水资源,无数高山森林提供了多种林木和植物。

一、水润天府、文化润城

地球上的河流不计其数，它们四处穿梭，雕刻出山峦，搬运着泥土，在交织中展现出多样的自然风貌，同样也以其天然的资本为人类社会提供了源源不竭的能量，奠定了人类文明的基础。古代两河文明、古埃及、古印度及中华文明，都得益于河流的馈赠。四川省内水资源丰富，河流众多，主要以长江水系为主，黄河一小部分流经四川西部，为四川和青海两省交界地带。长江上游金沙江为四川和西藏、四川和云南的边界线，较大的支流有雅砻江、岷江、大渡河、沱江、涪江、嘉陵江，是长江上游水资源最为丰富的河流地区。天府文化受到水的滋养，源于得天独厚的自然资源禀赋。从古至今，在天府大地上，缓缓流淌着数以百计的江河溪流，停驻着仿若繁星的湖泊池塘，岷江、青衣江、锦江、涪江、浣花溪、百花潭、摩诃池、白水湖、黑龙滩等，美名远播、享誉四方。川西平原因水而生、以水为名。川中古城名镇尽皆傍水而立、依水而兴，河川穿城而过，湖泊点缀其间，水文化是孕育天府文化的渊源与源泉，贯穿于天府之国的历史沿革之中，润泽这片中华民族自古栖居的大地，绽放天人合一、上善若水的文化之美。

（一）成都平原水文环境

成都平原是由岷江和沱江冲击形成的两块巨大冲积扇所组成，地形西北高东南低，因而形成了独特的水流格局。岷江和沱江两条大河最终又在平原东侧被龙泉山所收拢，分别从金堂、正兴、新津流出平原。处于整个平原核心地带的成都就坐落在岷江冲积扇的东南部。如果说成都平原是一块水造的平原，那么，成都就是一座水养育的城市。数千年来，成都城址不变，甚至名称也不变，都是因为水的缘故。

从岷、沱两江在成都的具体流经路线可以看出，岷江是成都真正的母亲河。沱江发源于四川西北部的九顶山南麓，南流至金堂县赵镇之后，汇合了毗河、青白江、湔江、石亭江。从源头到赵镇这一段，全长127千米，被称为绵远河。出了赵镇后汇入长江，长522千米，被称为沱江。沱江流经成都、德阳、绵阳、遂宁、资阳、内江、自贡、重庆等地，最后在泸州汇入长江。岷江是长江上游最大的支流，有东西两个源头。东边的源头出自松潘县岷山南麓海拔3727米的弓杠岭，西边的源头出自海拔4610米的郎架岭，二股水流在松潘县虹桥关上游的川主寺合为一股，然后自北向南流经茂县、汶川、都江堰。进入平原后，流经郫县、成都、新津、彭山、眉山、青神、乐山、犍为，在宜宾市汇入长江，干流全长711千米。岷江与沱江两大水系的分水岭就在成都市区北郊的凤凰山，两条江都流经成都，但只有岷江在成都市区全面张开，沱江则与主城区北郊擦肩而过。因此，岷江是成都城市真正的母亲河。

李冰在岷江中游至灌县一带，建筑阻水堤坝，将岷江一分为二，一条称外江，一条称内江。内江蓄水灌溉，外江泄洪排水，使成都平原成为"天府之国"。外江分为金马河、羊马河、黑石河、沙沟河，加之发源于龙门山山前地带的文井江、斜江、南江、蒲江等河流，最终从新津流出了成都平原。内江则分为蒲阳河、柏条河、走马河、江安河四大干渠。流经成都市区的锦江，即我们亲近的府河与南河，则分别来自柏条河与走马河。

成都的南河，古代称为检江、锦江、外江。它是李冰修建都江堰时从岷江干流上分流出来的一条支流，先为走马河，南流又分出徐堰河，再南流至郫县两河口分为清水河、摸底河。清水河经郫县、成都西部入城，过杜甫草堂后被称为南河；摸底河也从西部入城，过金沙遗址，在送仙桥汇入南河。

府河上游是柏条河，古名郫江。向东南流经成都城下，称为府河。古时候又名内江、成都江、都江、府江等。在唐代以前，郫江流到成都城西北九里堤后，原本继续南流经过城西过铜仁路，在通惠门附近折而向东，与锦江平行而流，大致经过南校场、西胜街、文庙西街、上池街、纯化街、中莲池、下莲池，最后在城东南合江园与锦江汇合。唐代晚期，古郫江被人为改道更名为清远江，进城后沿老城区的北部和东部流，仍然在城东南与锦江合流。唐代乾符二年（公元875年），为了加强防御，剑南西川节度使高骈上报朝廷准备修筑成都府罗城，在修筑时新开凿护城河，将郫江改道，使其成为城池东、北两面的环水屏障，从此便形成了成都"二江抱城"的格局。《方舆胜览》中记载"高骈未筑罗城，内外江皆从城西入，自骈筑城，遂从西北作縻枣堰，内江绕城北而东，注于外江"[1]，说的就是这一历史事件。文献中的"外江和内江"，指的就是府河与南河。二河在合江亭下合流以后，经九眼桥一路往南，终于在彭山江口重新回到岷江。

古代的郫江和检江在成都西北，又各自分了若干支流，如摸底河、犀角河、沙河，以及已经消失的金河、解玉溪，等等。这些支流再分为若干支流，由此而形成了发达的水系。正是这些丰富的河流水系，为悠久的古蜀文明提供了生长、发展的条件，也造就了古代成都水网密布的城市面貌。

虽然，如今的成都城市面积不断地扩展，但"两江抱城"的格局一直得到承袭和发展。成都市内丰富的水系及诸多水利设施，仍在积极地发挥着供排水、泄蓄洪、水运、水产、动力、娱乐与消防等功能。可见，河流是城市生存与发展的重要命脉之一，城市也因河流的丰饶而焕发着盈盈光泽。

（二）天府上善若水之治

成都平原雨热同季、降水丰沛，全年湿度很大，从春季的绵绵细雨，到夏季的惊雷暴雨，至秋季的夜雨连连，就连冬季也是浓雾不绝。许多时候是天降甘霖，也免不了有过被水患困扰的时期。"治水"是天府水文化中历久弥新、有无数传奇的永恒主题。在上古时代，四川盆地江河众多、地势低洼、湿热多雨、瘴疠横生，是水患肆虐、民生艰辛之地。

在成都从聚落到中心城市王都的漫长岁月里，水一直扮演着重要的角

---

[1] 祝穆：《方舆胜览》，中华书局2003年版，第909页。

色。以《蜀王本纪》《华阳国志·蜀志》为代表的古蜀文明演变的传说与记载中，古蜀先民们自岷江流域的山区逐步迁移至平原，历经蚕丛、柏灌、鱼凫、杜宇、开明等王朝，体现了天府文化自古以来与水共生、治水求存的"水文化"脉络。在上古传说中，大禹迈开治水第一步，创造了"岷江导江、东别为沱"的治水理念，将洪水肆虐的成都平原改造成了水旱从人的人间乐园。在蚕丛时期，人们先后在哈休、营盘山等地积累了与洪水搏斗的初步经验。来到平原后，又历经宝墩、三星堆的开拓，防洪和利用水的技术都进一步加强。蚕丛氏对水有充分的认识，不仅学会利用水资源为人类服务，而且已懂得初步防洪，成为第一个走向成都平原的蜀王部族。古蜀国"三王二帝"中第三代领袖鱼凫王建立的鱼凫王国，图腾为以鱼鹰（鱼凫）为代表的神化后的鸟类，体现了古蜀先民逐水而居、渔猎为生的生活文化。本身知悉水性的鱼凫，在从事农业耕作中更懂得如何利用水与防止水害。从鱼凫后期，古蜀人就开始在平原中心地区即成都一带游移不定地寻找建都地址。《蜀王本纪》云："蜀王据有巴蜀之地，本治广都樊乡，徙居成都。"《华阳国志·蜀志》也说杜宇"移治郫邑，或治瞿上"[1]。从金沙遗址的发掘看，杜宇曾经一度定都金沙，因为水患，不得不在今郫县和双流一带迁徙。直到开明五世才"自梦廓移，乃徙治成都"[2]，成都第一次成了王城。此后的历朝历代，成都基本上都被当作国都或首府，奠定了其在历史上的重要地位。因为这时，成都平原中心的治水工程已取得决定性胜利，经济与社会发展较为稳定，人民安居乐业，与中原文化交往日益频繁。

回首人类历史长河，中国古代多元一体灿烂文明中的传统水利以源远流长、贡献巨大而举世闻名，特别是长江上游天府之国成都平原上都江堰大型水利工程体系为代表的古代蜀地水利和水文化，堪称天府文化的重要源头活水，以其独有的智慧和创造创新精神、独具特色的杰出成就，独步

---

[1] 常璩撰、刘琳校注《华阳国志校注》，巴蜀书社1984年版，第182页。
[2] 常璩撰、刘琳校注《华阳国志校注》，巴蜀书社1984年版，第183页。

天下。古堰工程宏伟壮丽却并不显山露水，完全与自然融为一体，是古人与自然合作创造的一个奇迹，至今还发挥着防洪、灌溉的作用。

根据《华阳国志·蜀志》记载："周灭后，秦孝文王以李冰为蜀守。"[①]大约在公元前256年，秦王任命了一位新的蜀地最高行政长官李冰，这位蜀郡守成为天府文化中最为重要的"水的使者"。李冰"能知天文地理"，应该是一位博学多才、技术傍身的学者型官员。让蜀地的物产能够更好地支持秦国的大业，兴修水利、根除岷江水患，成了李冰新官上任之后的头等大事。《华阳国志·蜀志》中描写了李冰考察岷江流域和成都平原的地理水文情况，不仅是他自己，参与这项惠民工程的还有他的儿子和当地的民众。古人的智慧实在令人敬佩，都江堰既能分水，又能排沙，汛期防洪，旱时灌溉，它的出现彻底改变了天府大地的水资源配给与水文化趋向，从"治水"重"治"转而重"用"。都江堰水利工程建成后的悠悠岁月里，由于人们持续不断地维护，都江堰水利工程始终为成都平原发挥着千年如一、不可替代的治水、用水之能，天府之国的居民尽享风调雨顺、水旱从人的"用水"生活。时至今日，都江堰大型水利系统既是中国和全人类的伟大历史文化遗产，又是正在健康运转、持续增效的现实水利工程，这就使它超越了通常意义的历史文化遗产，具有了更为重大的意义和价值。

（三）蜀都文明伴水而生

作为长江文明的重要组成部分，岷江哺育了古老的蜀地文明与蜀地文化。老子言："上善若水，水利万物而不争。"水，是生命的源泉；水，也是文明的源泉。水造就了成都城市的历史文化性格。

成都平原因水而生，成都城市因水而兴。从公元前311年建城起，成都就与水结下不解之缘。城外二江蜿蜒流过，城内沟渠纵横，水网密布，

[①] 常璩撰、刘琳校注《华阳国志校注》，巴蜀书社1984年版，第187页。

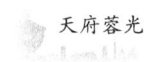

因筑城取土造成的洼地则形成湖泊水淖。秦汉城北有龙堤池,城东有千秋池,城西有柳池等;隋唐时更是有空前辽阔的摩诃池、秀美的江渎池等。古往今来的这些水域"津流相通,冬夏不竭",将成都打造成一座延续了两千多年的水城。古代成都可谓"城在水中央,水在城中流"。当年秦人正是看准了水之于成都的重要性,以及成都之于秦国的重要性,所以派"能知天文地理"的李冰任蜀守,开创了惠泽古今的都江堰,使"二江穿成都之中"。于是,水在孕育丰饶的天府之国后,又孕育了一座富庶之都。秦国正是凭成都为战略后方,以蜀水为交通,开启了扫合六国的统一战争。

水也把成都塑造成一个文化之都。古蜀文明在此兴起,古代文化在此繁荣。蜀文化集大成之一的蜀锦,便因水而美丽,成都的江河又因蜀锦而名锦江。成都是丝绸的故乡,早在古蜀时期人们就发现了蚕丝的用途,经后人不懈探索,至秦汉时一种名为蜀锦的丝织品已誉满海内外。然而,蜀锦的华章却离不开来自岷山雪水的漂濯。《益州志》说:"成都织锦既成,濯于江水。其文分明,胜于初成。他水濯之,不如江水。"可谓道出了蜀锦与水的关系。华美的蜀锦,不仅风靡华夏,湖北云梦、长沙马王堆、新疆吐鲁番也都曾有出土,而且通过南北丝路远销到南亚、中亚、东亚和欧洲,朝鲜半岛和东瀛列岛都曾有成都的蜀锦出土,日本京都正仓院、法龙寺至今还收藏着唐代的蜀锦。

水促进了技术的发达。浩浩荡荡的江河,既沟通了成都与外界的联系,也形成了造船业发展的空间。从百花潭中学出土的战国嵌错宴乐攻战纹铜壶和新津出土石棺上的战船图看,先秦时成都江河上已游弋着高大的战船。西晋将领王浚离开益州的战船可以达到"方百二十步,受二千馀人。以木为城,起楼橹,开四出门,其上皆得驰马来往"[①],造船技术可见一斑。

---

① 房玄龄等:《晋书》,中华书局1974年版,第1208页。

水促进了古代成都造纸业的兴旺。隋唐时期，浣花溪畔纸坊林立，所产麻纸被指定为朝廷用纸，皇家藏书、皇帝诏令均使用的是"成都造"。著名唐代女诗人薛涛在此基础上制成了一种色彩鲜艳、极富情趣的"薛涛笺"。元稹专门在"薛涛笺"上写了《寄赠薛涛》一诗："锦江滑腻峨眉秀，幻出文君与薛涛。"发达的造纸术又推动印刷术的进步，成都出土的《龙池坊卞家印本陀罗尼经咒》、斯坦因在敦煌发现的《剑南西川成都府樊赏家历》、国家图书馆收藏的《金刚经》残本，都是公元9世纪的成都印刷品。而印刷术的发展又带来了另一项进步——世界上最早的纸币"交子"诞生在成都。

水促成了茶文化的诞生。成都并不产茶，但成都盛产茶的文化。从《僮约》"武阳买茶"到招牌"河水香茶"，两千多年间，水边的成都出现过不计其数的茶人、茶事，又产生无数动人的故事与传说，他们为中国茶文化的丰富增添了精彩的篇章。

水创造了一部完整的白酒史。粮是酒的骨肉，水是酒的血液，没有富饶的成都平原，没有清澈的岷江雪水，哪来芳香醉人的琼浆玉液？所以成都的美酒要以"水"字作名。锦江边的水井坊就埋藏着一部白酒的文化史。

水还塑造了成都人的性格。开朗、自尊、豪爽、活泼、幽默的成都人，从不墨守成规，散淡之中不乏智慧与创新，悠闲之下不失进取和辛劳，成都人还有包容天下的胸怀，从不排外。难怪有人会说，来了成都就不想走。

水既养育了文化，也养育了文化人。古往今来，数不胜数的文人墨客与水相伴，与水为邻，从而留下了美不胜收的锦绣文章。仅以唐宋为例，写过成都之水的著名诗人就有李白、杜甫、张籍、刘禹锡、岑参、薛涛、韦庄、陆游、范成大等。其中杜甫与蜀水关系最密切，他于安史之乱后来成都，定居浣花溪。家在水中央，出门就见水。在他写成都的200余首诗歌中，与水相关的就达150首。诗人对水的讴歌，把成都的水文化提升到

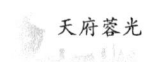

了一个新的境界。如今，那些浓缩着成都江河水文化的遗迹已融入了历史的星空，唯有尚存的百花潭、合江亭、望江楼及众多与水有关的街名，依旧在述说这座城市与水的亲密关系。

进入现代，天府水文化又频频因科技发展与生态文明建设，再添新的美丽与光彩。1998年建成并对外开放的成都市锦江区活水公园，是世界上第一座以"水文化"为主题的城市生态环境公园。其"活水历程"展现了大自然在尚未被"现代文明""污染"的美景、自然景观被破坏和污染时的状况，以及经由人工湿地进行生物净化后的河水的新生。活水公园的建设理念承继了天府水文化中"天人合一""人水相依"的哲学理念，将自然生态之灵与人文创意之美高度统一起来，呈现了成都市"水治理"的思维与理想。

城市在变迁、环境在变化、生活在变革，萦绕在天府居民身边的水则是越变越美。绵延千年的江河湖溪之外，湿地公园、微绿地、人工湖等水域水面，淋漓尽致地展现着园林景观、公共空间与周边环境的和谐相融，弘扬着天府水文化之美。天府大地流水潺潺，自上古蛮荒而来，满载优雅与美好的文化，往繁荣昌盛的未来而去。

二、山岭秀美，联史成景

"噫吁嚱，危乎高哉！"蜀道之难之险，在于蜀山；"上有六龙回日之高标，下有冲波逆折之回川"，"连峰去天不盈尺，枯松倒挂倚绝壁。飞湍瀑流争喧豗，砯崖转石万壑雷"，"峥嵘而崔嵬，一夫当关，万夫莫开"，蜀山雄奇壮美，世所罕见。四川盆地为中国四大盆地之一，周围山地陡峭高耸，不乏海拔在3000米以上的高山，而中间盆底处却地势低矮，部分地区海拔甚至不足300米。群山环绕的地理环境，一方面拥有天然屏障能够隔绝外部的纷争动荡，使得蜀中文明得以持续繁衍生息；另一方面让盆地中的文化产生了既能享受安逸又能坚持突破屏蔽、创新发展的特质。古蜀文明铸造的青铜人像多有一双大大的眼睛，眼球甚至向外凸起，为的就是要看穿层峦叠嶂、云雾绵绵，寻找天地真理与人生大道。在天府之国绵延发展的数千年里，人们翻越崇山峻岭、飞渡高峡激流，走出盆地、传播文化、引入新知，在与蜀道相连相依的条条山脉、围成都耸立的座座高山上，留下了美妙而独特的文化烙印。

（一）道教圣地青城山

四川地形复杂多样，既有高耸挺直的锋利群山，也有沃野千里的温柔平原，既有在夏季看雪山的浪漫，也有冬无严寒的春城，山色风光万千，景观壮美。四川地形复杂多样，由山地、丘陵、平原、盆地和高原构成。西部为高原、山地，海拔多在3000米以上；东部为盆地、丘陵，海拔多在500～2000米。四川地势西高东低，整体由西北向东南倾斜，山地、高原和丘陵约占全省面积的91.8%，可见地表高差之悬殊。地理最高点是位于甘孜藏族自治州的贡嘎山，海拔7508.9米（2023年公布）。最低处在广安市邻水县的御临河出省处，海拔仅184米，与贡嘎山相差7300余米。正是这样复杂多变的地势变化，才造就了四川兼容并包的胸襟和绚烂的文化。青城山位于四川省成都市都江堰市西南，是全国重点文物保护单位、国家重点风景名胜区、国家AAAAA级旅游景区、全真龙门派圣地，十大洞天之一，中国四大道教名山之一，五大仙山之一，成都十景之一。与剑门之险、峨眉之秀、夔门之雄合称为"蜀中四秀"，享有"青城天下幽"之美誉。青城山背靠千里岷江，俯瞰成都平原，属于邛崃山脉的分支，地质地貌上以"丹岩沟谷，赤壁陡崖"为特征，有着丰富的自然景观和生物多样性。全山群峰环绕，林木青翠，有36座山峰，最高峰老君阁海拔1260米，前山景色优美、文物古迹众多，后山自然景物神秘绮丽、原始华美如世外桃源，诸峰环绕状如城郭，美不胜收。青城山历史悠久，是中国道教的圣地之一。古时青城山与湖北武当山、江西龙虎山、安徽齐云山、陕西景福山合称五大仙山。唐末五代，道门的一些著名人物也都出入四川，如彭晓、陈抟等都曾在青城山游历，杜光庭、谭峭等也在青城山终老。青城山

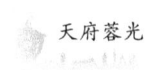

上现存主要道观有常道观（天师洞）、祖师殿、上清宫、老君阁、建福宫、圆明宫、玉清宫等。此外，青城山也是中国传统文化中道教和儒教相互融合的重要代表之一。青城山的道观和寺庙中，既有道教的元素，也有儒教的思想，两者融合在一起，构成了独特的青城山文化。

（二）世界遗产峨眉山

峨眉山位于四川省乐山市峨眉山市，是国家风景名胜区和世界遗产，是四川十大名山之一。峨眉山属邛崃山脉支脉，地处四川盆地的西南边缘，山体大致呈南北向延伸，主要山峰有大峨山、二峨山、三峨山、四峨山，还有宝掌、天池、华严、玉女、石笋等七十二峰。山峰高耸入云，山势雄奇险峻。山上瀑布飞流、怪石嶙峋、溪流潺潺、古树参天、云海雾海等美景应有尽有，整个山区云雾多，日照少，雨量充沛，自然景观多姿多彩。

峨眉山的文化底蕴十分深厚，佛教、道教、武术、茶文化在此蓬勃发展，多位历史名人留下诗篇。道教和佛教曾在很长一段历史时期在峨眉山共存发展，甚至出现了道、佛融合的现象。峨眉派武术是中国传统武术三大门派之一，成型于春秋战国，可追溯到上古时期。峨眉山茶文化同道、释文化及武术文化共同组成了峨眉山文化大观。此外，峨眉山历来与文化名人的咏赞、记述和传播有着密切关系，孕育了众多文学艺术作品。如李白、杜甫、苏轼、辛弃疾等，都留下了不少赞美峨眉山的诗篇。郭沫若书写的"天下名山"题名，已成稀世珍品。峨眉山也遗存了大量珍贵的历史文物，例如古建筑、碑刻等。1996年绝大部分文物被联合国教科文组织列入《世界文化遗产名录》。这些历史文物和遗址见证了峨眉山的历史发展和文化底蕴。

（三）推窗胜景西岭雪山

西岭雪山位于四川省成都市大邑县，是国家风景名胜区AAAA级景区，部分区域被纳入四川大熊猫栖息地世界自然遗产保护区，并获联合国教科文组织批准。西岭雪山位于邛崃山脉的中段，海拔从1260米到5364米不等，地质构造比较复杂。景区内最高峰大雪塘海拔5364米，终年积雪不化，是成都最高山峰。西岭雪山有着丰富的自然景观和生物多样性，低山繁花似锦，高山终年积雪，一天可观四季不同景色。山内水景、杜鹃、奇石、云海、森林佛光、阴阳奇观等变幻莫测的自然景观比比皆是，还有6000多种植物，罕见的珍禽异兽依次呈现，共同构成了一个神秘壮观的高山自然风景区。西岭雪山拥有良好的登山和旅游资源，被誉为"诗画西岭"的美丽山峰，可以欣赏到美丽的自然风光和高山气象景观。西岭雪山不仅是自然的宝库，也是人文的瑰宝，这里是古代茶马古道的重要节点，历史上曾经繁华一时。据说，古代学者徐霞客也被西岭雪山的宏伟气势所折服，曾攀登至雪山之巅。唐代诗人杜甫在饱览西岭雪山美景之后，写下了"窗含西岭千秋雪，门泊东吴万里船"，西岭雪山也因此而闻名于世，成为文学和艺术的重要源泉。

（四）蜀山之王贡嘎山

贡嘎山位于四川省甘孜藏族自治州康定市、泸定县、石棉县和九龙县之间，属于横断山系大雪山，处于青藏高原东南缘，既是四川省最高的山峰，被称为"蜀山之王"，也是世界上高差最大的山之一。贡嘎山山体呈南北走向，计有冰川110多条，目前已查明的植物有4880种，高山动物和森林动物400余种，生物多样性非常丰富。贡嘎山风景名胜区是中国面积最大、环境容量最大的风景区，总面积万余平方千米，山中贡嘎雪山、海螺沟等景观景点最受欢迎。其中，海螺沟是国家级自然保护区的重要组成部分，也是国家AAAAA级旅游景区、国家级冰川森林公园、国家级地质公园、国家生态旅游示范区。作为"蜀山之王"，贡嘎山自古以来就有着丰富的历史文化底蕴。早在唐代，贡嘎山地区就是藏族人民的重要聚居区之一，也是藏传佛教的重要圣地之一。在这里，保存有大量珍贵的文物和历史遗迹，见证了贡嘎山地区的悠久历史。在明清时期，中央政府在贡嘎山地区设立了地方行政机构，这里成为康巴地区的政治、经济和文化中心。因此，贡嘎山地区既承载着藏族文化的瑰宝，又展示了中华民族的多元文化。

（五）丹霞地貌天台山

天台山位于成都市邛崃市天台山镇，隶属邛崃山脉，主峰玉霄峰海拔1812米，森林覆盖率达94.4%，是四川大熊猫栖息地世界自然遗产、国家级风景名胜区、国家AAAA级旅游景区、国家森林公园。天台山山势西高东低，由长期的流水切割和风化剥蚀雕琢了"九十里长河八百川，九千颗怪石两千峰"的瀑布、长滩、深潭等水景线密集丹霞地貌，以"山奇、石怪、水美、林幽"著称。天台山生物多样性丰富，有珙桐、红豆杉、银杏等20余种国家保护的珍稀植物及大熊猫、红腹角雉、大鲵等7种国家保护的珍稀动物。此外，天台山是蝴蝶、萤火虫、山茶花的重要聚集地和产地，山中赏蝶、赏萤、赏花活动已成为当下流行的生态观光旅游活动。天台山具有深厚的历史文化底蕴。早在远古时代，天台山即为古"邛"族繁衍生息之地。大禹、鳖灵都曾选此地为登高祭天之所，汉末道家也在此筑坛祭神，天台山便增添了宗教文化内容。诸葛亮曾到这里视察，留下了"天车坡""望军顶"等地名。两宋时期，天台山儒、道、佛三教并存，彼此争山夺林，各建营院，道观佛寺，比比皆是。天台山也是红军长征经过成都唯一战斗和工作过的地方，景区的红军长征邛崃纪念馆为"四川省爱国主义教育基地""成都市爱国主义教育基地"。

（六）云海仙境牛背山

牛背山位于四川省雅安市荥经县，属二郎山分支，由野牛山、大野牛山、娘娘山等组成，山顶海拔3666米，享有360度全方位"中国最大的观景平台"美誉。从山顶可以俯瞰瓦屋山、峨眉山、夹金山、四姑娘山和二郎山等著名山峰。牛背山总体呈南北走向，既是荥河发源地，也是青衣江、大渡河的分水岭，自然景观十分优美，有着丰富的自然资源。这里的植被覆盖率高，山上有着各种树木和野花，有铁杉、冷杉、栎树、栲树，吸引了许多动物，如牛羚、小熊猫、苏门羚、角鸡、狍子、锦鸡等。牛背山是一座隐藏着南方丝绸之路重要密码的历史文化名山，这里的藏族文化源远流长，有着许多古老的历史遗迹，九折坂、邛筰山和牦牛道，成为破解南方丝绸之路走向的重要证据。牛背山是中国文学和艺术的重要题材之一，根据《太平寰宇记》对牛背山的记载，至少在宋代初年人们就已领略过牛背山的壮丽风光，许多文人墨客在这里留下了不朽的诗篇、画作和音乐作品。毛泽东、周恩来等革命家在长征时曾在这里留下印迹，警卫班班长胡长保为保护毛泽东就牺牲在牛背山。

（七）诗情画意龙门山

龙门山位于四川省成都市彭州市，因规模宏大的飞来峰构造地质而闻名，在地质发展史中已高寿37亿年。龙门山脉是横断山脉北端中部山脉，位于四川盆地西北边缘，龙门山为青藏高原东延部分。龙门山国家地质公园位于龙门山构造带中段，是国家风景名胜区和国家地质公园。龙门山西为岷山和邛崃山，东为都江堰市和邛崃市，既是四川盆地区和川西高原山地区的分界线，同时又是中国第一级地貌区域分异中东西两大地貌单元的分界线，还是中国东西两大气候区、土壤生物区的分界线。龙门山地区地形复杂，由丹景山、银厂沟、九峰山、马髦岭组成，地势由西向东倾斜，自然景观壮美。流泉飞瀑、峡谷溶洞、彩虹佛光、飞禽走兽、奇花异草应有尽有，还有不少珍稀野生动植物，总体呈现出"壮、险、奇、幽、趣"的特色。龙门山古代便是川西著名游览胜地，古称茶坪山、湔山，又称龙山。前沿景区丹景山以牡丹文化、宗教文化和古彭蜀文化著称于世。龙门山自唐代开始就大规模种植牡丹，南宋时期花达到鼎盛时期，甚至与洛阳齐名。龙门山自古以来就为文人墨客所爱，诗词歌赋中常有其身影，如王

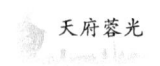

勃、高适、陆游、杨慎、李调元等均到此探访游览，赞颂此地为"天帝会昌之国""英灵秀出之乡"，是自然与文化相结合的旅游胜地。陆游的《天彭牡丹谱》有"牡丹在中州，洛阳为第一；在蜀，天彭为第一"的赞誉。

（八）避暑胜地鹤鸣山

鹤鸣山位于四川省成都市大邑县鹤鸣镇，海拔1000余米，北依青城山，南邻峨眉山，西接雾中山，足抵川西平原，因山形似鹤、山藏石鹤、山栖仙鹤而得名。鹤鸣山属岷山山脉，山脊苍松掩映，山间翠柏葱茏，山势雄伟、林木繁茂、双涧环抱、风景秀丽，具有丰富的自然景观和生物多样性。山中有珍稀野生动植物，如金丝猴、四不像、栎类等，被誉为"大熊猫的后花园"。鹤鸣山主要点位有三宫庙、文昌宫、太清宫、解元亭、八卦亭、迎仙阁等，是著名风景旅游区和避暑胜地。鹤鸣山是中国道教发源地、世界道教的朝圣地，属道教名山，被称为"道国仙都""道教祖庭"。历史上许多著名的道士都曾在此修炼过，如杜光庭、陈抟、张三丰等。文与可、陆游、杨升庵、刘大櫆等名流都曾游览此山，创作出诸多文学艺术作品。此外，鹤鸣山还有很多摩崖石刻，如《剑州再建重阳亭记》《重阳亭诗有跋》《重修摩崖亭碑记》等，这些石刻艺术珍品是古代劳动人民智慧的结晶。

（九）庄严神秘老君山

老君山位于四川省成都市新津区南面，山高617米，山中诸峰拱卫，高耸入云，雾缠云绕，时隐时现，遥望如画，故有"稠粳出云"之称。老君山山势雄伟，不仅道教建筑成群，还有丰富的自然景观和生物多样性。山中有珍稀野生动植物，如金丝猴、雪豹等，被誉为"大熊猫的后花园"。同时，老君山还有许多自然景观，如高山湖泊、瀑布、溪流等，风景宜人。总体呈现出环境清雅的氛围，既是中国道教名山之一，又是川西游览胜地。老君山是全球道教主流教派全真龙门派圣地，被誉为"道教三祖灵山"。因这里是古时祭祀山神、社稷的地方，故而在当地世称天社山。又相传，山上生有仙草，名稠粳，食之可以长生，传说轩辕黄帝于此成仙。故而，此山又名稠粳山。再后来，相传太上老君曾在这里炼丹修道，所以又改称此山为老君山。自唐代开始，山上道教建筑成群，规模宏大，气势不凡，老君山便被尊为道教名山，香火旺盛。

（十）寄情于景四姑娘山

四姑娘山位于四川省阿坝藏族羌族自治州汶川县、小金县和理县之间，处于四川盆地向青藏高原过渡地带，是中国著名的风景名胜区和自然保护区。四姑娘山属于邛崃山脉，由四座如同四位少女的海拔5000米以上的山峰组成，有"蜀山皇后"的美誉。四姑娘山以雄峻挺拔闻名，山体陡峭，直插云霄，冰雪覆盖，银光照人。四姑娘山地区的自然景观非常壮观，如山峰、雪峰、冰川、瀑布、海子、原始森林等。这里的生物多样性也非常丰富，有珍稀的野生动植物，如大熊猫、小熊猫、金丝猴、白唇鹿、毛冠鹿、金钱豹等，也有红杉、红豆杉、连香树等植物，还产天麻、贝母、虫草等中药材。在中国传统文化中，四姑娘山有着丰富的神话和传说。四姑娘山的起源可以追溯到远古时期，传说四位美丽的女子变成了四座山峰即四姑娘山，不再与外界接触，守护这片土地。这个美丽传说为四姑娘山增添了几分神秘的色彩，许多人会前往四姑娘山祈求好运和吉祥。在明清时期，四姑娘山周边还发生了许多历史事件和文化故事，例如"四姑娘山起义""千古绝唱——花甲胡同"等。在漫长的历史长河中，四姑娘山还成为藏羌文化的重要载体，吸引了大量的信徒前来朝拜。

"山不在高，有仙则名"，蜀地群山既险峻峭拔、高耸入云，又文化丰富、仙缘深厚。如果说水润泽了天府文化的"海纳百川"，融会贯通各地文化流派于一体，那么山就支持了天府文化的"高瞻远瞩"，使其始终保持博采众长的发展眼光。名山不仅是著名的旅游胜地，可以欣赏到美丽的自然风光和众多文化建筑与文化传统，也是许多文学作品和艺术作品的创

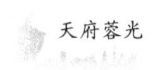

作灵感来源。四川名山之多，风景之胜，不知吸引古往今来多少文人骚客，而栖居在天府之国的人们自古以来在青山绿水的环绕之中，以"仁者乐山、智者乐水"的传统智慧，或隐逸山水，或寄怀山水，或放志山水，将对山水之美的喜爱与品味，与追求美好、优雅时尚的生活方式和精神情调相结合，都在与自然界的一草一木、一丘一壑的交流中发展出多姿多彩的天府文化，为今日成都文化、四川文化，乃至中华文化贡献了宝贵的精神与物质财富。

第三节　天府文化的人文底蕴

在四川这片江河湖泽众多、仙山峻岭矗立、四时花木繁盛的土地上，很容易发现人与自然和谐相处、天人合一的美的再造、创新与继承。这里的人民是"诗意地栖居在大地上"。天府居民们以文学、建筑、雕塑、音乐与绘画等表现方式记录美，更进一步"美善相乐"，升华了个人情操与社会道德伦理。逢乱世动荡，天府大地包容迁移来此的人与他们的文明文化；在太平盛世，天府文化中的家风之美、爱国之切、友善之光闻名遐迩。

一、优良赓续的传世家风

家庭是社会的基本细胞，是人生的第一所学校，家风是社会风气的重要组成部分。一句"天下之本在国，国之本在家"充分证明，中华民族自古以来就重视家庭家教家风。家风是一个家庭在长期延续过程中形成并世代相传的价值准则，在传统文化的语境里，良好家风能感召人向上向善。回溯历史，中华民族家教家风文化源远流长。孔子教育孔鲤要注重学诗学礼，诸葛亮告诫八岁儿子要做正直勇敢之人，颜之推寄语后世子孙热爱读书、刻苦修炼……生动的家训故事、深刻的家教箴言，映照着言传身教的优良传统，承载着祖辈对后代的寄望，培厚了孩童的精神沃土。

早在汉朝时期，"水旱从人，不知饥馑"的天府之国就涌现出了大量的书香门第和文化世家。著名文学家苏轼在《眉州远景楼记》里称赞家乡眉州的习俗有三种接近古风：那里的士大夫看重学习经术，重视宗族文化；那里的民众尊重官吏，而且畏惧犯法；那里的农民相互合作耕种，互相帮助。他认为当时眉州接近古人的风俗，独独能够传世而不改变，是因为老一辈互敬互爱的榜样效应，以及贤良的州守、县令们孜孜不倦地抚循教诲的结果。也正是这样的风俗家训代代相传，使得天府之国世家大族层出不穷，人才辈出。他们或父子齐名，或祖孙流芬，或兄弟齐芳，或夫妇比翼，各自作为政治家、文学家、史学家、思想家和儒学家，对历史、社会和人类都作出了重要贡献。这些世家大族之所以能够传世，与其注重家风有重要关系。从眉州苏氏道德传家、新都杨氏清白传家、金堂贺氏诗礼传家的案例可以看出：家风好，就能家道兴盛、和顺美满；家风差，难免殃及子孙、贻害社会。正所谓"积善之家，必有余庆；积不善之家，必有余殃"。

苏轼出生于四川眉山一个殷实的书香之家，一门道德传家。为人子，志向远大，爱国爱民；为人兄，亦师亦友，呵护备至；为人夫，情深义重，至死不渝；为人父，乐于陪伴，关爱如山。他一身的清风正气和一生的刚正不阿，与其家风家教密不可分。苏轼的家风可追溯到曾祖父苏杲、祖父苏序的轻财好施与乐于助人，继承了苏洵的发愤读书与志存高远，同时深受程夫人不伤鸟雀、不发宿藏等方面的教导，在传承父辈优良传统的基础上，展现了读书正业、孝慈仁爱、非义不取、为政清廉之风。

明代四川地区唯一的状元杨升庵家风淳正，历来清白传家。杨升庵的祖先杨震从小勤奋好学，治家严谨，并以"清白吏子孙"作为家训严格要求后人。也正是在这种优良家风的沐浴下，逐渐孕育出了世代相传的杨氏家学文化，开启"一门七进士"的传奇。杨升庵不仅自身为官清廉、刚正不阿，还通过《四足歌》从居住、饮食、娶妻、育儿四个方面谆谆教诲后

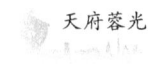

世子孙淡泊名利、勤俭持家，因此家庭氛围和谐美满。

两晋名臣贺循之后，唐礼部侍郎、集贤学士贺知章之裔，家族素以"儒中门第、诗礼传家"著称于世。贺氏于康熙六十一年（公元1722年）入川，落业四川省金堂县五凤镇，迄今300余年。家规家训源出东晋，一般30年左右续修家谱，家规家训置于谱首，悬挂于宗祠，代代传承。贺氏家族要求："我宗亲务必父诏其子，兄勉其弟，身体力行"，"子女教育，必自幼小。我族重视，家族兴旺。他族仿效，族族如斯，则家兴国盛矣"。近代贺氏家族中，最为杰出的代表当属"东方黑格尔"贺麟。他不仅传承家族刻苦读书、严谨治学的家风，也在生活中对"严教训、倡简朴、贵节俭"的家训言传身教。贺氏近代家谱家训中，"爱国家、端志趣"在他身上得到了很好体现。

天府之国之所以人才辈出，其重要的奠基之功在于其注重言传身教的传世家风。直至今日，成都平原依然人才辈出，成为西部具有巨大人才吸引力的沃土之一。可见，家庭教育是教育的开端，既关乎家人的健康成长和家庭的幸福安宁，也关乎国家发展、民族进步与社会稳定。中华民族历来重视家庭家教家风建设，传统家庭美德蕴含着丰富的思想观念、人文精神、道德规范，都可以成为新时代加强家庭家教家风建设的重要文化滋养。

二、不屈坚毅的爱国情怀

不屈坚毅的爱国情怀是指对自己的国家和民族保持坚定不移的热爱和忠诚，不屈不挠地为其繁荣和发展而奋斗。这种情怀通常表现为对国家、民族和社会的责任感、使命感和担当精神，以及对国家和民族精神的传承和弘扬。它能够激发人们的奋进精神，推动国家和民族的发展进步。在四川历史上，许多爱国志士都以不屈不挠的爱国情怀为动力，为国家和民族的独立、解放和繁荣作出了巨大的贡献。

天府之人向来爱国，从嫘祖、李冰到文翁都是为国为民操劳的忠义之士，然而年岁久远，留下的文字资料不多，难以清晰地刻画当时情景。众人耳熟能详又有详细史料记载的天府爱国人士当然不能避开唐宋八大家之一的苏轼。他文辞汪洋恣肆，明白畅达，情感丰富。他关注个人感情，对国家大事更是殚精竭虑。即使被贬黄州也时刻关注朝廷局势，对于西夏战事，他极力主战，甚至上书请命，希望以戴罪之身上战场杀敌，将功折罪。由于残酷的党争，他的爱国之志没能实现，但他火热的爱国之心没有泯灭，即使身处逆境，也从不忘自己的使命与担当，所以才有了《江城子·密州出猎》《念奴娇·赤壁怀古》中充满豪情壮志的词句。

客居成都的杜甫同样是一位著名的爱国诗人。他赞美爱国之人，所以写下了"三顾频烦天下计，两朝开济老臣心。出师未捷身先死，长使英雄泪满襟"；他是个爱国之人，时刻为长安城的破败感到伤心，所以写下了"国破山河在，城春草木深。感时花溅泪，恨别鸟惊心"；他为军队取得胜利感到无比兴奋，所以写下了"剑外忽传收蓟北，初闻涕泪满衣裳。却看妻子愁何在，漫卷诗书喜欲狂"。

从古至今的历史长河中，四川人为保卫自己的家园，抵御一次次外来侵略，他们表现出来的爱国情怀、民族精神、舍生取义的英雄气概，无不给我们以极大震撼。其中值得大书特书的是四川对抗日战争的贡献。抗战时期，成都是后方人力物资的重要输出地，通过出力、出钱、出物、捐款等方式，成为团结御敌、救亡图存最为活跃的城市之一。据统计，在抗日战争期间，四川的征兵额达到302.5万人；为修建抗战军用机场，四川服役民工超过300万人；四川供给粮食总额也在8000万石以上，占全国征粮总额的1/3；此外各种捐税最大的一部分也是由四川人民负担的。仅从这些粗略的统计就可以看出，四川人主动请缨、慷慨捐躯，以大爱精神筑起了挽救民族危亡的坚固城池，当时甚至有"无川不成军"之说。川军约占全国抗日军人总数的1/5，出川抗战的340多万川军中，有64万多人伤亡，其参战人数之多，牺牲之惨烈，高居全国之首，四川人民为中华民族的伟大复兴作出了重大贡献。

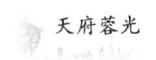

爱国，是人世间最深层、最持久的情感。爱国主义是中华民族精神的核心，自古以来就深深烙印于中国人心中，不仅维系着民族的团结统一，还激励着广大中华儿女为祖国的繁荣昌盛不懈奋斗。以天下苍生为念、以民族大义为重，把个人命运与国家命运紧密联系起来，这种强烈诉求既是中华民族团结奋斗、自强不息的精神纽带，也是中华文明生生不息的重要内因。当今，爱国主义的本质就是坚持爱国和爱党、爱社会主义高度统一。在国家建设和改革发展的过程中，需要这种情怀来凝聚人心、促进发展；在面对各种困难和挑战时，需要这种情怀来坚定信心、迎接挑战；在维护国家安全和民族尊严时，需要这种情怀来彰显力量、捍卫正义。

三、真诚仁爱的人间情义

人间情义意味着对社会道义与社会责任的承担，有情能使人内心温暖热忱，让亲情、友情、爱情乃至陌生人相交之情更加动人，让世间多些温情与圆满，有义能使人胸怀担当大爱，在他人需要的时候挺身而出，表现出舍我其谁的精神和勇气，展现人性的光辉与美好。

天府之国历来提倡厚德载物、和谐共处，强调与人为善、助人为乐和热爱自然的友善文化，展现出真诚仁爱的人间情义。天府文化的这种特质，来自农耕文明和城乡融为一体、协调发展的都市文明滋养，来自儒释道兼容并包、和睦共生的精神文化的浸润，来自成都两千多年来在和平统一年代所拥有的幸福快乐和在分裂战乱年代所遭遇的深痛巨创对其人文性格和理性精神的洗礼，来自这里得天独厚的、适宜人类从容生产和闲适生活的自然生态，来自文翁化蜀以后绵延不绝的强大学术教化力量和文学艺术的引领、熏陶。因此，这里历代推仁行义、乐善好施、扶弱济困的人和事史不绝书，构成了这座城市最温暖动人的个性。

出生在古蜀之地的大禹之所以受到广大民众的敬仰和爱戴，是因为无论是记载于史书的丰功伟绩，还是流传于民间的故事传说，都折射出他近乎完美的人格和高尚的品德。作为上古时代与伏羲、黄帝比肩的贤圣帝王，他劳心劳力治水，不畏艰险、身先士卒、公而忘私、三过家门而不入的伟大事迹，是其真诚仁爱公益心的体现。大禹勤于民事而不自以为有功，不仅为他赢得了后世子孙的广泛赞誉，成为中华民族的精神楷模，也对中国历史的演进和发展作出了巨大贡献。

在东汉末年的战乱时代，人民渴望安定。深知人民之苦的诸葛亮在主持蜀汉军政要务时，以公忠体国、鞠躬尽瘁的精神治国治家。在诸葛亮的影响下，蜀汉官吏大多能做到廉洁自律。例如，董和清贫俭约，辛勤参与国家内外大事治理20多年，死后家中没有一丝余财；刘巴为人恭顺安静、清廉简朴，视钱财为身外之物，从不治理家资产业；杨洪忠心耿耿，心地善良，忧虑公事就像自己私事一样上心；邓芝坚贞简亮，临官忘家，为将20多年体恤士卒，坚持赏罚明断，宁愿妻儿忍饥挨饿也从不经营私产，去世时家中也无余财；姜维忠于职守，吃穿用度清素节俭，堪称蜀中楷模。正是因为这些拥有真诚仁爱情义的官员存在，蜀汉政权才得以存续发展。

诗人杜甫一生颠沛流离，在栖居成都以避安史之乱的几年中，曾作诗赞叹成都上善若水的社会风气，如"但逢新人民""花径不曾缘客扫，蓬门今始为君开"等。无论是达官贵人，还是山野村夫，从出资营造草堂、供给禄米，到拜访探病，成都人以自己的善良和热情慰藉了诗人孤苦的心灵。

"问汝平生功业，黄州惠州儋州。"无论被贬到哪里，苏轼除寄情山水外，心中始终牵挂着黎民百姓，每到一个地方任职，都会倾注心血和汗水，与民为善，为民谋福：他成立了中国最早的公立医院"安乐坊"，救人无数；他疏通运河，挖渠凿井，用瓦筒引水，使"西湖甘水，殆遍一城"；他开浚西湖，挖山筑堤，为后人留下"何处黄鹂破暝烟"的苏堤，与"一株杨柳一株桃"的白堤交相辉映，造福后人；杭州大旱，饥荒瘟疫流行，苏轼向朝廷请奏减免本路1/3的米食上供，又得到发放僧牒的权利，并以此换取米粮救济灾民；惊闻鄂岳间"小民贫者生子多不举"的惨事后，致信鄂州太守朱寿昌，邀约寺僧继连等宗教人士与进士古耕道等社会贤达，拯救溺婴、弃婴，维护其生命权。他以一颗赤子之心关注民生、友

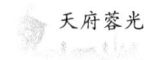

善待人，高尚品德为世人所称道。

此外，文学巨匠李劼人友善助人的故事也广为流传。除了对张天翼、陈白尘等当时客居成都的进步作家慷慨解囊之外，抗日战争爆发后，李劼人在担任嘉乐纸厂董事长期间，引进了西方先进造纸技术，全力满足大后方四川的新闻用纸和教科书用纸需求。纸厂的绝大多数利润都用于支持抗敌文协及其刊物《笔阵》，资助教育单位、文化团体和部分贫困中小学生等。

民国期间，成都"五老七贤"群体传承了中华传统文化中"推己及人"的仁爱之心，耕耘于城市文教和公益事业之中。其中尹昌龄被称为"中国慈善第一人"，为慈善机构慈惠堂倾注心血20年，兴办学校、孤儿院，使当时成都社会数以千计的救助对象老有所养、幼有所学。成都本土作家巴金先生被誉为"20世纪中国文学的良心"，这不仅是赞美他的文学创作态度，更是对他追求真、善人格之美的赞誉。他一生笔耕不辍，多次将稿费捐给灾区与"希望工程"，心怀大爱，不断践行自己的心愿："化作泥土，留在人们温暖的脚印里。"总之，巴金见证了世纪沧桑巨变，却用文字真诚地表达他对生活和他人的热爱，充满热情与良知。

天府之国的先贤们把真诚仁爱的人间情义内化于心、外化于行，运用到人际交往和社会构建之中，用行动诠释了天府文化中"友善公益""大爱无疆"的情怀之美，铸就了成都这座城市的文化温度和文化高度，推动当代成都生活美学、公共服务、城市风貌的发展。天府之人重情重义，不论是地震后"万众一心、众志成城"的互助精神，还是"赠人玫瑰，手有余香"的友善给予，无时无刻不温暖着天府之国，都正在升华为成都这座城市豁达高洁的人文情怀，日益滋润着市民的心灵。天府之美正是通过现实生活中平凡的人与事，将点滴的情义凝聚成这座城市人们的幸福生活，使得天府之国迈向了秀外慧中的美学境界。如今天府之国的公益善举还在持续温暖人心，美与善、情与义的光辉事迹包罗万象，并形成向上向善、诚信互动的城市风尚，为成都建设世界文化名城、建设全面体现新发展理念的国家中心城市提供精神力量。

第四章

文脉保护：成都历史文化遗产的保护与更新

"益，古大都会也。有江山之雄，有文物之盛。"成都是一座拥有4500多年文明史、2300多年建城史的历史文化名城，是全国唯一一座2000多年"城名未改、城址未变、中心未移"的超大城市，其拥有的深厚文化积淀和丰厚的历史文化遗产，构成了成都城市发展的历史根脉，形成了成都城市独特的历史风貌和人文素养，而海纳百川、兼容并蓄又让成都这座历史名城更具活力和幸福感。加快建设彰显天府文化特色的世界文化名城，不仅需要通过对历史文化遗产的保护来延续历史文脉，更需要通过传承上的更新来赋予这座历史文化名城新的生命力，实现中华优秀传统文化创造性转化、创新性发展。

第一节 文化遗产保护的时代内涵

文化遗产是历史留给人类的财富。随着时代的发展和人们对文物认识的逐渐深化，文化遗产的内涵和外延不断丰富，文化遗产保护的范围也在不断扩展。经过人们长时间的不断摸索、不断探求、不断前进，文化遗产"保护的目标从对古物的收藏，扩展到集保护、研究和教育于一体的综合目标；保护的对象从可供人们欣赏的艺术品，到各种文化遗址和历史建筑，再扩展到历史街区、历史城镇以及独具文化特色的历史性城市；保护的范围也从物质文化遗产扩展至非物质文化遗产以及二者相互联系生成的文化景观、文化空间"[1]。可以说，文化遗产经过岁月的洗礼，在不断丰富自身内涵和外延的同时，也成为可以反映人类过去生存状态、人类的创造力以及人与环境关系的有力物证，成为城市文明的纪念碑。

一、文化遗产见证城市生命历程

我国是世界四大文明古国之一，有着古老悠久的中华文明，在漫长的历史发展长河中，中国也是唯一一个没有出现文明断裂的国家。在整个文明的发展过程中，我国留下了数以万计的历史文化遗产，这些历史文化遗产有物质的，有非物质的，有景观的，有空间的，数量之多，品类之齐全，世所罕见。它们遍布于中华大地，于城市，于乡间，处处都凝结并呈现传承着中华民族的智慧与文明，体现着中华民族自强不息、百折不挠的奋斗精神，展现了中华民族源源不断的创造力和蓬勃向上的生命力，是中华民族联结情感的牢固纽带。文化遗产不仅是一个国家、一个民族的财富，也是全人类的共有财富。

（一）文化遗产蕴含城市文化的深厚底蕴

我国历史性城市众多，每一个历史性文化城市所拥有的文化遗产资源都极其丰富。这些文化遗产所蕴含的城市文化的深厚底蕴，是城市对中华文明所作贡献的生动体现。成都，作为众多历史性城市中极具代表性的一

---

[1] 单霁翔：《从"文物保护"走向"文化遗产保护"》，天津大学出版社2019年版，第5—6页。

座，有着悠久的历史和丰富的文化遗产资源。这些文化遗产资源以其自身"静态"或"动态"的特质，体现并展现着成都这座城市独有的思维方式和文化价值，是成都城市生命历程的根基。成都城市的发展和演变，点点滴滴都记录在成都这座具有悠久历史的城市记忆中，宝墩遗址、王建墓、金沙遗址、都江堰、文翁石室、青羊宫、浣花溪、望江楼、武侯祠、杜甫草堂等文化遗存及与其相关的史实、文献等，都是成都这座城市历史、社会、文化的生动呈现。更加值得注意的是，成都经过上千年的发展和变迁，沉淀下来的传统文化使得这座城市的记忆变得更加有温度、更加真实，如川剧、变脸、皮影戏、剪纸、蜀绣等，都让我们可以真切地感受到历史的积淀。所以，一座城市的文化遗产保护远比一座宫殿、一处城墙、一个古文化遗址、一组古建筑群的保护更为复杂，其包含了这座城市各个历史发展阶段中蕴藏的文化信息，其内容涉及政治、宗教、文化、经济、社会、军事等方方面面，具有规模宏大、价值突出、影响深远的特点。

（二）文化遗产是城市特色的重要体现

文化遗产可以体现一座城市的特色，是一座城市独有魅力的生动呈现。城市的街道、小巷、风俗、民居、建筑结构等，每一处都能体现城市的发展脉络，形成城市独有的记忆。它凝结了城市各个时期的文化价值，是展现城市发展、变迁的有力物证。诸如成都北周文王碑、灵岩寺及千佛塔、青城山及其古建筑群、川派盆景技艺、蜀锦制造技艺、水井坊酒传统酿造工艺等，这些物质的与非物质的文化遗产，都是成都这座城市文化价值的重要体现。这些文化遗产存留在城市的空间中，有些甚至至今还与人们的日常生活息息相关，成为活着的、动态的文化遗产，一方面成为城市的独特风貌，另一方面对人们的生活、行为产生潜移默化的影响。又如成都遗留下来的较成规模的清朝古街道宽窄巷子，作为成都三大历史文化名城保护街区之一（另外两个为大慈寺、文殊院），如今不仅成为成都最繁华之地，是成都居民休闲娱乐的重要街巷，还成为一张代表成都特色的闪

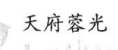

亮名片，许多外来游客一到成都，就会慕名而来，感受和体会老成都的特色与风采。宽窄巷子作为老成都"千年少城"城市格局和百年原真建筑格局最后遗存，推动了成都城市发展与城市特色呈现，使得历史的坐标点在城市的建设中也得到彰显。

（三）文化遗产是城市文明的现实载体

文化遗产是城市文明的现实载体，体现着城市文明的诞生与发展历程。城市是人类文明发展到一定阶段的产物，城市中遗留下来的各个时期的文化遗产，都在一定程度上反映了那个时期人民的思想与智慧，不论是城市的建筑特色、功能布局，还是城市中留存下来的手工艺品、金银器帛，都蕴含着那个时期那个地区人民的文化与文明。比如金沙遗址及其中出土的太阳神鸟金箔等，都是早期蜀地人民生活的遗存，是成都城市文明早期发展的真实存在。再比如成都文殊院、大慈寺等大片传统民居，不仅有着老成都人民的生活痕迹，也是今天成都人民生活居住的重要区域，这些区域内的空间布局、传统民居、街巷、生活遗存等，都是一代又一代蜀地人民思想与智慧的结晶，蕴含着一代代蜀地人民的生活气息，它们以物质的或者非物质的，静止的或者运动的方式，展现着城市的历史和文化，让人们不但可以了解许多令人难忘的城市故事，而且可以清晰地看到城市生动的成长过程。曾经的城市文明与今天的城市文明在这里相互碰撞，共同发展，不断创造出新的文化遗产，不停延续新的城市文明。

二、文化遗产保障城市文化延续

文化遗产可以保障城市文化的延续。文化遗产是人类社会经过相当长一段时间的发展变化，形成并遗留下来的，是城市文化得以延续和再发展的基础。城市文化遗产是今天我们尚且能触摸到的真实的历史，是今人与古人穿越时空的链接，让我们可以深切地感受到城市历史的变迁与城市文化的发展脉络，知道我们是从哪里来，为何而来，即将去向哪里，这种链接帮助我们把今天的生活与历史、与未来紧密地联系在一起,使我们找到了城市之根,寻到了文化之魂,让我们的感情有了共同的物质依托,从而紧密地团结与联系在一起。文化遗产彰显城市文化特色,凸显城市文化个性,不少历史性城市在城市规划与建设中不惜代价地调整规划设计方案,不遗余力地加以保护,目的就是保留这种共同的链接,帮助城市文化特色与城市文化个性得以彰显与突出。

(一) 文化遗产是城市文化的重要组成部分

随着社会的发展,人们越来越深刻地认识到文化在城市发展中的重要地位,城市的发展也在逐步由最初的"功能城市"走向"文化城市"。可以说文化是一个城市身份的认同,而这些认同都需要通过文化遗产得以展示与体现。一座没有文化遗产的城市,不是一座健康的城市;一座缺少文化资源与历史积淀的城市,也不是一座有灵魂、有发展内驱力的城市。就如我们无法想象,一个记忆残缺的人如何面对未来的生活一样。记忆残缺的人面对未来是迷茫的、是无措的、是没有底气的,因为他不知道自己从何而来,又将去向哪里。所以,一个文化遗产得不到妥善保护的城市,很难找到正确的发展方向与动力。一个文化遗产得不到妥善保护的城市,面对未来的发展,要么千篇一律,丧失特色;要么停滞不前,最终被时代所湮没。从社会学的意义上说,文化遗产被视同为城市共有的信仰和象征,维系着城市的核心情感和价值。因而,文化遗产作为城市文化的重要组成部分,需要我们去寻找、去挖掘、去保护,使现在和今后世代都能追溯到这座城市的历史,共同努力,进而坚定地走向城市的未来。

(二) 文化遗产对传承城市文化具有重要意义

城市文化的发展不是一蹴而就的,需要有物质载体进行传承。尤其当一座城市经过了成百上千年的发展,很多文化及文明都在岁月的流逝中不可避免地消逝了,这对后来的人追溯过去、传承文化及文明都造成了很多

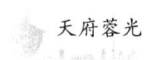

的困难。因而文化遗产的保护至关重要，需要我们不遗余力地去努力。在过去，由于社会发展水平不高，人们认知有限，很多留存在城市中的文化遗产要么被人为地破坏，要么由于科学技术有限，没有办法进行很好的保护与留存，相当多的文化遗产在这个过程中不复存在了，这对城市文化的延续造成了不可磨灭的影响，很多优秀的、先进的文化及文明在今天已经无法再看到和触摸到，这也就在一定程度上造成了城市文化的断裂。前人留给后世的文化遗产，并非今人所独有，需要我们去保护、去传承，去尽可能地让后人也能触摸和感知这些历史，与前人对话，进行情感和理智的交流。延续城市文化是每一代城市人的历史责任，任何人都没有权利和理由使文化遗产在当代的发展中消失，我们只能不遗余力地去守望与传承，同时加以适当地合理利用。

（三）文化遗产是城市独一无二的珍贵财富

城市的本质是人文城市。任何一座有文化浸润与涵养的城市，都不会是一座没有特色、缺乏灵魂的城市。城市文化需要通过文化遗产得以体现与传承。文化遗产是城市发展最重要的社会资源，是城市独一无二的珍贵财富，为城市发展提供源源不断的精神支撑、文化支撑、经济支撑、社会支撑乃至科技支撑等。文化遗产作为城市文明得以不断发展的基础，对城市的影响并不是一朝一夕的，而是长久、不间断地默默渗透到城市的精神血脉中，为城市的方方面面带来潜移默化的影响，最终塑造出城市独有的精神面貌与城市特质。这种城市特质所承载的价值与意义，是世间独一无二的，无法用简单的经济或者社会尺度进行衡量。文化遗产的丧失无法弥补，其结果将导致城市精神的贫乏、历史记忆的缺失和整个社会的衰退。所以，文化遗产是继承传统文化、传承文明的力量源泉，是城市独一无二的珍贵财富。

三、文化遗产促进城市健康发展

一座没有文化遗产的城市，不是一座健康发展的城市。改革开放初期，随着城乡建设掀开新篇章，各地文物古迹却屡遭破坏，为尽快有效遏制这种破坏现象的蔓延，1982年，历史文化名城保护制度确立。此后，我国开始了"以优秀传统文化内涵的保护和弘扬为基点建设城市，即从文化角度，研究城市的生长过程，比之单纯地从物质角度规划建设城市，增加了深层次的更有益于拓展城市文明成果的精神内涵"。这一方式，从顶层设计上就要求站在促进城市健康发展的角度，从总体上研究城市的传统文化，赓续城市文脉，传承城市文明，推动建设独具特色、有根可追、有魂可寻的现代化城市。

（一）文化遗产保护成为推动城市发展的积极力量

城市文化生活有其自身的内涵，这种内涵由城市各个时期的文化遗产所构成，并建立在一定的文化时空基础之上，城市文化遗产的丰富程度极大地影响着城市居民的文化生活。一方面影响着城市居民对文化、生活品位的认知，另一方面影响着城市能否满足居民日益增长的物质文化需求，因而，我们说文化遗产是推动城市发展的积极力量。一个有着丰富文化遗产的城市，文化品类多样、底蕴深厚，不仅可以满足人民日益增长的物质文化需求，还能在当代社会的发展中，创造、创新出更多的、新的文化与文明。文化的价值是多元的，文化遗产越丰富，展现出来的文化与文明就会越厚重、越多样，就越能在与当代社会的碰撞中，发展出更多、更新的文化，这样城市的发展就具有了历史的延续性，进而不断丰富城市内涵，推动城市文化、生活、社会等方面不断前进。2002年英国历史建筑和古迹委员会发表的报告《变化的伦敦——一个变化的世界中的古老城市》指出，古建筑不是伦敦经济增长的累赘，而是目前伦敦繁荣的基础。的确，比如成都，目前成都最具吸引力，人们最愿意居住、生活、参观、游乐的地方，就是那些最具文化底蕴、历史文化遗产保存最丰富、最能体现老成都特色的地方。因而，在今天的城市建设中，应保护好城市文化遗产，做好城市规划，使之成为一种更高层次的文化活动。"而这种文化活动恰恰体现了城市建设行为的本质意义,即城市不仅要为市民提供一个良好的物质环境,而且要为市民提供一个高尚的文化空间。"最终,使得文化遗产保护成为推动城市发展的积极力量。

(二) 文化遗产保护促进城市健康发展

城市的发展是一个综合的、系统的、全方位的过程,涉及方方面面,因而,城市的发展离不开文化遗产的保护。一座城市,只有把保护文化遗产和发展两者并重来进行考虑和进行城市的规划设计,才能获得真正意义上的发展。城市的健康发展离不开对城市文化遗产进行妥善保护和合理利用,否则,城市就将成为无根之木、无源之水,丧失生机与活力。实践证明,城市现代化程度越高,对文化遗产的重视度就会越高,人们就会越发珍惜这份独一无二的宝贵财富。文化遗产是城市文脉的物质承载,它无声地诉说着城市的发展历程,是城市形成、变化和演进的轨迹和印痕,象征一座城市生生不息的文化传承。因而,文化遗产的特性促使了城市既需要发展,也需要保护,并且还将继续随着城市现代化程度的提高,及人们对文化遗产认识程度的增强而得以不断加深、强化。在城市的发展中,加强对文化遗产的保护就是要使生活在这座城市中的人民,真切地触碰、感受和体会到这些属于城市的深厚文化,进而增强彼此的价值认同,产生属于这座城市的自豪感与凝聚力,最终实现城市健康发展。

(三) 文化遗产保护推动城市人文环境塑造

文化遗产不仅包含文化遗产本体,还包含文化遗产所承载的丰富信息,这些信息可以是单个文化遗产所承载的,也可以是通过文化遗产间的相互联系所产生的,涵盖了社会、文化、经济、军事、思想等各个方面,这些方面都需要对文化遗产的物质载体进行提炼,而正是这些提炼出来的丰富内涵才是更加需要我们去保护和传承的东西。对一座城市物质文化遗产的保护,不仅是保护城市文化遗产的物质形式,更重要的是保护这些文化遗产所蕴含的流动的、活态的文化价值，这些文化价值推动着城市人文环境的塑造。联合国教科文组织的有关文件指出："在生活条件加速变化的社会中，为了保存与其相称的生活环境，使之在其中接触到大自然和先辈遗留的文明见证，这对人的平衡和发展十分重要。文化遗产构成人类生存的人文环境，具有特殊的环境价值。"一座城市的文化遗产，在城市居民心中，不仅是文物或者城市地标，更是人们心中的乡愁，他所承载的历史的情感、记忆与辉煌，见证着这座城市的过去与现在，也将见证这座城市的未来。而这种文化空间的巨大浩瀚，不断地滋养着城市的人文环境，推动城市人文环境塑造，而这也正是一座城市最大的价值之一。

第二节　成都物质文化遗产保护利用的案例经验

物质文化遗产即传统意义上的有形文化遗产，主要包括古遗址、古墓葬、古建筑、石窟寺、石刻、壁画、近代现代重要史迹及代表性建筑等不可移动文物，历史上各时代的重要实物、艺术品、文献、手稿、图书资料等可移动文物，以及在建筑式样、分布均匀或与环境景色结合方面具有突出普遍价值的历史文化名城（街区、村镇）。

成都作为国务院公布的首批历史文化名城，是中国的"十大古都"之一，具有厚重的文化底蕴及丰富的物质文化遗产。据统计，成都现已登记的可移动文物有25.5万件（套），不可移动文物6914处，各级文物保护单位639处，文保单位总数在全国15个副省级城市中位居第一。同时，成都还是国家确定并重点支持的全国大遗址六大片区之一。金沙遗址、成都古蜀船棺合葬墓、邛窑、成都平原史前城址、明蜀王陵墓群、茶马古道被纳入全国150处重要大遗址之列。这些物质文化遗产最早可以追溯到4500年以前，它们跨越了时空，携带着万千故事风尘仆仆而来，散落于天府大地，无声地诉说着它们的故事。这些故事见证了成都

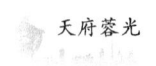

城市文明的崛起、成长、鼎盛与复兴，是成都作为千年古都厚重历史文化底蕴的生动呈现。

加快建设彰显天府文化特色的世界文化名城，实现中华优秀传统文化创造性转化、创新性发展，就是要保护天府文脉，传承天府文明，在城市建设更新中做好物质文化遗产的活化运用。

近年来，成都在城市的发展更新中也作出了一些有益探索，在物质文化遗产的保护利用方面积累了一定的经验。针对不同类型的物质文化遗产，现主要就成都在历史文化街区、大遗址、工业遗产方面的保护利用经验举例介绍如下。

一、历史文化街区的保护与活化

历史文化街区是时代发展的产物，它可以在一定程度上反映一座城市的文脉，是城市传统特色的体现，是至今仍然在城市生活中起重要作用的活的历史地段。它们在千百年的历史长河中，不断新陈代谢、继承发展，具有很强的生命力。它们是城市历史活的见证，最能体现城市特色，传承当地文化。

宽窄巷子作为成都的历史文化街区，是老成都少城文化的体现。宽窄巷子是清朝古街道，经过20世纪80年代成都沸沸扬扬的旧城改造，依旧得以较为完整地保留，是成都现存不多的具有老成都特色的古老街区。街区现在依然保留着青黛砖瓦的仿古四合院落造型和宽窄不一的巷子。宽窄巷子，顾名思义，就是由巷子的宽窄命名，宽的叫宽巷子、窄的叫窄巷子，另外还有一条巷子，叫井巷子。宽巷子、窄巷子、井巷子平行排列组成了今天的宽窄巷子主体。如今，宽窄巷子作为成都名片，是极具天府文化氛围、有很强人流吸附力的复合型文化商业街区。

成都在对历史文化街区的保护利用方面，主要注重对街区本体的保护与活化。宽窄巷子位于成都市青羊区，既是成都的中心主城区，也是成都居住人口十分密集的区域，所以做好这个区域的文化遗产保护不仅与生活于此的成都市民息息相关，同时也对成都城市的发展发挥着十分重要的作用。因而，近年来，成都充分考虑到宽窄巷子在成都城市发展的区域辐射、文化传承等方面的重要作用，首先从整个城市规划的角度划定了保护区，其次从顶层设计的角度确定了对宽窄巷子的保护策略，即注重街区完整性、建筑原真性、元素多样性、文化可持续性。在城市规划上，宽窄巷子的总体定位为城市商业步行区、院落式消费体验区和人文游憩中心。其中，对作为主体的宽巷子、窄巷子、井巷子再次作了明确的功能定位与划分，进而有利于该区域的异质化发展。比如，在功能分区上，把宽巷子定位为体现成都天府文化中"闲"生活的方面，把窄巷子定位为体现成都天府文化中"慢"生活的方面，把井巷子定位为体现成都天府文化中"新"生活的方面，各个巷子根据区域功能的划分，引进不同的商业进驻，由此形成特色鲜明、层次丰富的各种业态。最终，宽窄巷子不仅保留了老成都的内涵，延续了该区域人民的正常生活，同时又在一定程度上融入了符合现代发展潮流的新兴文化，从而赋予了老巷子新的内涵。

宽窄巷子对成都城市发展起着十分重要的作用，是成都独具魅力的天府文化特色的体现。具体来看，宽窄巷子在文化、历史、建筑三个方面都对天府文化的传承发展具有重要价值和意义。从文化价值上看，宽窄巷子呈现了老成都人民和今天成都人民的市井生活，在这个区域内既有老成都人民生活的痕迹，又有今天成都人民生活的方式，是天府文化延续性的体现。宽窄巷子是成都作为休闲之都的缩影，从清朝时期到民国时期，再到现如今，从成都人民喜爱提笼架鸟、养花养草，再到今天一以贯之的一把竹椅、一杯盖碗茶，等等，宽窄巷子都是典型的成都生活的写照，是最能体现成都地方文化的区域。从历史价值上看，从秦朝建立成都城到清朝形成府河、南河的"两江环抱"，少城、皇城、大城的"三城相重"城市格局，虽然到今天，成都"两江环抱、三城相重"城市格局已经基本不存在，但宽窄巷子在一定程度上留存了清末民初的历史痕迹。同时，成都作为中国满城制度保留最完整的一处，相对完整地体现了清朝满城近 300 年

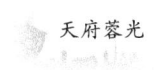

的历史演变。从建筑价值上看，宽窄巷子因为其独特的历史背景，既有北方胡同文化的特色，又有南方川西民居的特色；既有民国时期的西洋建筑风格，又有清末城池兵营格局的延续。这些丰富的元素和特色造就了宽窄巷子与众不同的风格，成为成都独具特色的闪亮名片。

通过成都对宽窄巷子的保护和利用，我们总结发现，历史文化遗产是宝贵的城市财富，是城市发展独一无二的历史文化资源，城市的有机更新和发展，离不开独特的城市文化。在城市发展进程中，进行历史文化街区的保护与利用离不开城市的顶层设计，离不开街区文化品牌的塑造，也离不开具有市场性质的多元业态的引入，更离不开以人民为中心，全心全意为人民服务，并进一步提升和改善人民生活的思想。

二、大遗址的文明溯源与管理

大遗址是指大型古文化遗址，由遗存及其相关环境组成，一般是指在我国考古学文化上具有重大意义或在我国历史上占有政治、经济、文化、军事重要地位的原始聚落、古代都城、宫殿、陵墓和墓葬群、宗教遗址、水利设施遗址、交通设施遗址、军事设施遗址、手工业遗址、其他建筑遗迹。成都的金沙遗址就属于大遗址的范畴。

金沙遗址是全国重点文物保护单位，遗址出现的时间为距今3200至2600年，曾为古蜀王国都邑，孕育了长江上游地区的古蜀文明，现有面积约为5平方千米。金沙遗址可以反映出灿烂辉煌的古蜀文明，是古蜀王国政治、经济、文化、社会、工匠技艺等的集中体现。金沙遗址作为我国先秦时期最重要的遗址之一，可以从时间演化上与成都平原的史前城址群、三星堆遗址、战国船棺墓葬一起勾勒出古蜀文化的兴起、发展、衰亡的历史演进轨迹，对研究古蜀文化、传承古蜀文明具有重要意义。金沙遗址蕴含丰富多元的文化，有曾经的一般居住区，也有大型的建筑基址，还有古蜀人民祭祀区，等等，每一个区域内蕴含的不同文化都代表了那个时期人民的劳动与智慧，其出土的石器、象牙器、玉器、金器等都反映了丰富多彩的古蜀文化。金沙遗址的发现是对古蜀文化的极大丰富，大大拓展了成都城市的内涵，是天府文化深厚底蕴的体现。金沙遗址作为成都这座历史文化名城的重要组成部分，其具有的独特历史文化价值，是成都这座城市特色的生动体现，对成都加快建设彰显天府文化特色的世界文化名城具有不可替代的重要意义。

为做好金沙遗址的保护利用，成都在充分考虑其历史价值、艺术价值和科学价值的基础上，经过反复推敲，全面思考，最终创新性提出了一种专门针对金沙遗址的保护模式，我们称之为"金沙模式"。这种模式对当时的成都而言，没有先例，是一种探索性的创新性举措，这种模式在今天做好大遗址的保护利用，实现城市健康有序发展方面依然有着很强的参考借鉴意义。其做法主要为：一是立足城市发展整体，从城市发展的角度确定金沙遗址发展与保护的思路。主要表现为利用金沙遗址独特的历史文化定位及其蕴含的丰富多样的历史文化遗产，由政府牵头作出在金沙遗址上修建金沙遗址博物馆的设计与规划，目的是依托这份文化底蕴，打造成都西边区域的文化和艺术中心。一方面保护了城市文化遗产，另一方面提升了成都西边区域的基础设施建设，带动了区域经济发展，增强了成都城市文化底蕴和城市竞争力。二是在确定金沙遗址发展和保护思路的基础上，制定相关政策措施，分步骤依次推进该区域的保护与建设。对此，成都综合研判，详细分析了金沙遗址在保护与利用方面可能出现的困难和问题，在相对全面的基础上，研究制定了《金沙遗址保护规划》，规划明确了金沙遗址保护所存在的主要问题、规划原则与策略、保护区划、管理要求、保护措施、展示规划，并明确提出建立金沙遗址保护研究中心进行遗址区域的保护、研究与管理。三是多措并举，做好遗址的宣传与保护，扩大影响力。除了修建金沙遗址博物馆，成都还注重引入市场化的思路，注重做好金沙遗址的品牌打造。成都以金沙文化产业为发展思路，不仅成立了相关公司，进行品牌的打造和营销，还与文艺公司合作，开发音乐剧和各种文创产品，并且抢抓历史机遇，使得太阳神鸟金箔图案申获"中国文化遗

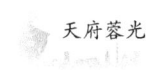

产"标志,等等。这些不仅有利于提升金沙遗址的影响力,同时也为成都城市的影响力和美誉度增添了助力,对成都城市的发展有着重要的推动作用。

"金沙模式"的基本思路,简言之即"文物保护用地及博物馆建设的经费支出由精品文化项目带动周边地产升值和城市经济繁荣来弥补"。"金沙模式"的成功,体现了成都文化遗产保护思想的转变。过去对这一类遗址的保护与利用,更多集中于对文物本身,而"金沙模式"是变文物保护为文化遗产保护,从注重文物保护的专业性到文化遗产保护的公众性,即从更大的受众角度着手进行金沙遗址的保护与利用,为金沙遗址的进一步挖掘与展示锁定了基调。同时,"金沙模式"并非仅着眼于金沙遗址历史价值的挖掘与呈现,反而更多地是注重对金沙遗址所蕴含的丰富历史文化价值的传承和发展,是把文物资源本身变成了城市资源进行综合的整合与利用,这为城市建设与城市文化的融合发展提供了有益经验。"金沙模式"的成功,还实现了从文物保护多为财政拨款,是地方财政的负担,到成为成都地方财政新的增长点的转变。金沙遗址的定位与金沙产业化的发展,都为成都西边地区经济发展带来了新的活力,有利于成都城市的发展。

21世纪以来,我国大遗址的保护在具体方式上都与成都"金沙模式"有着类似的发展探索趋势,例如洛阳、杭州、西安等,这也表现出在当今时代背景下,类似于"金沙模式"这样的大遗址的保护利用形式是大多数城市的共同选择。

三、工业遗珠的有机更新与融合

工业遗产涉及的领域十分宽泛,《下塔吉尔宪章》中阐述的工业遗产定义反映了国际社会关于工业遗产的基本概念:"凡为工业活动所造建筑与结构、此类建筑与结构中所含工艺和工具以及这类建筑与结构所处城镇与景观,以及其所有其他物质和非物质表现,均具备至关重要的意义。"

"工业遗产包括具有历史、技术、社会、建筑或科学价值的工业文化遗迹，包括建筑和机械，厂房，生产作坊和工厂，矿场以及加工提炼遗址，仓库货栈，生产、转换和使用的场所，交通运输及其基础设施以及用于住所、宗教崇拜或教育等和工业相关的社会活动场所。"由此可以看到工业遗产无论在时间方面、范围方面，还是在内容方面都有丰富的内涵和外延。成都的东郊记忆，就是成都早期工业遗产的代表。

东郊记忆位于成都市成华区，改造之初的名称是东区音乐公园，这也可以看出东郊记忆最初的保护与发展重心是音乐产业，只是随着后期的发展，各种各样新型的文化产业进驻，东郊记忆已经不仅仅局限于音乐产业的发展，而是成为文化综合性的产业基地，音乐、新媒体、广告、出版等产业在这个区域聚集，使得东郊记忆实质上已经成为成都东边具有代表性的城市文化中心。东郊记忆的工业遗址前身是成都红光电子管厂（代号773厂，106信箱），这是新中国成立以后由苏联援建的项目，也是"一五"计划时期苏联援建中国的156个项目之一。随着城市的不断发展，2009年，成都开始计划对这片区域进行改造。作为城市的工业遗产，如何既保留好这些成都早期的工业文化，又能让这些已经废弃了的工业遗产结合周边居住需要，进而有利于该区域的发展，是成都城市在不断发展的过程中需要解决的问题。因为东郊记忆位于成都市五城区中，具有交通便利的优势，经过综合考虑，成都在最初规划时，就想结合文化创意产业把东郊记忆打造成具有旅游特色的音乐产业基地。因此，在保护和改造时，保留了这片工业遗址的底色，留下这些具有成都老工业特色的红砖厂房、烟囱管道、老旧办公楼等，同时原厂房内的废弃设备也没有丢弃，创造性地保留和呈现出来，作为文化景观，供游客参观了解。东郊记忆在打造的原则上，主要采取的是"修旧如旧，旧房新用"的方式，即不把厂房、办公楼等修新，而是尽可能原汁原味地保留20世纪50年代成都老工业基地的建筑风格和特色，并充分利用每一个厂房、办公楼的空间优势和特点，增加一些文创产业，进而使得东郊记忆能够实现保护性的升级与改造。在外墙斑驳的楼房外立面增加大面积与当时年代相一致的口号标语，既营造出老工业区的历史沧桑感，又展现出符合当代艺术特色的彩绘，极具年代感与工业感的红砖墙面与大面积特色鲜明又时尚的墙体彩绘形成鲜明的对比，使得东郊记忆在最初的保护和打造上，不仅具有怀旧的功能，还具有很强的艺术美感，因而一方面吸引了越来越多不同文化创意的产业进驻，另一方面也带动了这片区域由曾经的工业生产功能到消费文化功能的转变。

总的来说，成都对于东郊记忆的保护与利用，依然是在整体把握与考虑城市发展的基础上，结合东郊记忆的地域、文化等特色，制定相应的政策措施。同时引入文化创意产业，尽可能在保留废旧厂房原有特色文化符号和时代记忆的基础上做到保护和利用相结合。

成都东郊记忆的保护利用，不仅为游客提供了一处富有历史文化内涵的休闲场所，也成为城市发展的重要名片。它所代表的历史风貌和城市文脉，为城市的可持续发展提供了重要的支撑。

首先，成都东郊记忆的保护利用，为城市的文旅产业发展提供了新的增长点。作为一个集文化、旅游、娱乐、商业等多种功能于一体的综合性文化公园，成都东郊记忆吸引了大量游客前来参观和游玩，为城市的文旅产业带来了巨大的经济效益。其次，成都东郊记忆的保护利用，也为城市的更新和发展提供了新的思路。通过保留和改造原有的工业遗产，不仅保留了城市的历史和文化，也实现了城市的更新和发展，为城市的可持续发展提供了重要的借鉴和参考。最后，成都东郊记忆的保护利用，也为城市形象提升提供了重要的支持。作为一个具有代表性的文化公园，成都东郊记忆成为城市的新名片，提升了城市的知名度和形象，为城市的国际化和多元化发展提供了重要的推动力。

总而言之，成都东郊记忆的保护利用，让我们有机会重新认识这些珍贵的历史遗迹，感受它们所代表的城市文脉。通过保留历史风貌和传承城市文脉，成都东郊记忆不仅为游客提供了一处富有历史文化内涵的休闲场所，也成为城市发展的重要名片。它所代表的历史风貌和城市文脉，为城市的可持续发展提供了重要的支撑。

通过以上案例可以看出，综合而言，成都在用好用活物质文化遗产方面，完成了3个方面的转变。一是从"文物保护"走向"文化遗产保护"的转变，实现了从可供人们欣赏的艺术品，到各种文化遗址和历史建筑，再扩展到历史街区、历史城镇以及独具文化特色的历史性城市的转变；二是从"大规模改造"走向"有机更新"的转变，在物质文化遗产与城市发展更新的关系上，实现了从大规模的所谓"旧城改造""危旧房改造"到从传统文化、地域文化角度研究城市生长过程和发展方向，实现城市"有机更新"转变；三是从"功能城市"走向"文化城市"，实现了城市发展只注重城市规划，到注重城市规划与城市文化相结合转变。

第三节 成都非物质文化遗产保护的案例经验

2005年3月，国务院办公厅发布了《关于加强我国非物质文化遗产保护工作的意见》，要求建立国家级和省、市、县级非物质文化遗产代表作名录体系，逐步建立起比较完备的、有我国特色的非物质文化遗产保护制度。2005年12月，国务院在《关于加强文化遗产保护工作的通知》中，确立了非物质文化遗产保护工作的指导方针，即"保护为主、抢救第一、合理利用、传承发展"。通知中明确非物质文化遗产，是指各种以非物质形态存在的与群众生活密切相关、世代相承的传统文化表现形式，包括口头传统、传统表演艺术、民俗活动和礼仪与节庆、有关自然界和宇宙的民间传统知识和实践、传统手工艺技能等，以及与上述传统文化表现形式相关的文化空间。

非物质文化遗产是文化多样性中最富活力的重要组成部分，是人类文明的结晶和最宝贵的共同财富，承载着人类的智慧、人类历史的文明与辉煌。非物质文化遗产可以分为民间文学，传统音乐，传统舞蹈，传统戏剧，曲艺，传统体育、游艺与杂技，传统美术，传统技艺，传统医药，民俗十大类别。

根据成都市非物质文化遗产保护中心官网公布情况，梳理成都市登记在册的非物质文化遗产，如表 4-1 所示。

表 4-1 成都市登记在册的非物质文化遗产

序号	类别	数目(个)	具体项目
1	民间文学	7	黑水寺故事、薅秧歌（柳街薅秧歌）、鱼凫传说、阿斗洛带传说、望娘滩传说、卓文君与司马相如的故事、灯谜（新津灯谜）
2	传统音乐	9	羌笛演奏及制作技艺、西岭山歌、蜀派古琴、成都道教音乐、青城洞经古乐、闹年锣鼓、竹麻号子、江河号子（沱江号子）、江河号子（府河号子）
3	传统舞蹈	13	羌族羊皮鼓舞、羌族沙朗、夹关高跷、蛾蛾灯、牛灯（永盛牛灯）、牛灯（太和牛灯）、牛灯（大邑牛儿灯）、狮舞（高台狮子）、狮舞（大邑狮灯）、龙舞（小金龙龙舞）、龙舞（四川客家龙舞）、龙舞（金华龙灯）、龙舞（黄龙溪火龙灯舞）
4	传统戏剧	5	川剧围鼓、被单戏、川剧、成都皮影戏、成都木偶戏
5	曲艺	12	四川评书、四川相书、四川车灯、幺妹灯、花鼓（飞刀花鼓）、四川连箫、四川连箫（城厢过街连箫）、四川扬琴、金钱板、四川清音、荷叶、四川竹琴
6	传统体育、游艺与杂技	7	杨氏太极推手功法、赵门武术、黄林武术、余门拳、古彩戏法《罗圈三变化》、张三丰道家养身太极拳、青城武术
7	传统美术	20	舌画、传统蛋壳雕绘技艺、中国传统书画木刻技艺、川派盆景技艺、川派盆景技艺（川派盆景盘扎技艺）、川派盆景技艺（安龙川派盆景制作技艺）、阴沉木雕刻技艺、木雕（廖家木雕）、竹雕（彭州竹雕）、草编（柏合草编）、藤编（怀远藤编）、竹编（古城竹鸟笼制作技艺）、竹编（道明竹编）、竹编（瓷胎竹编）、棕编（新繁棕编）、棕编（古城棕编）、成都糖画、剪纸、成都面人、蜀绣

第四章 文脉保护：成都历史文化遗产的保护与更新

续表

序号	类别	数目(个)	具体项目
8	传统技艺	67	阳氏田鸭肠火锅技艺、成都三大炮传统制作技艺、新都姜糖传统制作技艺、新都桂花糕传统制作技艺、成都丁丁糖传统制作技艺、羌族刺绣、成都彩灯传统制作技艺、绳编（新津绳编）、绳编（成都绳编技艺）、佛教素食制作技艺、石桥挂面制作技艺、军屯锅魁制作技艺、羊肉汤传统制作技艺（秦川号羊肉汤制作技艺）、羊肉汤传统制作技艺（简阳羊肉汤传统制作技艺）、邹鲢鱼传统制作技艺、夫妻肺片传统制作技艺、钟水饺传统制作技艺、腌卤传统制作技艺（温鸭子传统制作技艺）、腌卤传统制作技艺（石观音板鸭制作技艺）、腌卤传统制作技艺（清流板鸭传统制作技艺）、腌卤传统制作技艺（盘飧市腌卤传统制作技艺）、腌卤传统制作技艺（九尺板鸭传统制作技艺）、腌卤传统制作技艺（耗子洞腌卤传统制作技艺）、赖汤圆传统制作技艺、豆腐菜肴制作技艺（天回豆腐制作技艺）、豆腐菜肴制作技艺（陈麻婆豆腐制作技艺）、龙抄手传统制作技艺、辣椒传统加工技艺（熟油海椒制作技艺）、辣椒传统加工技艺（陈大妈香脆椒传统制作技艺）、怀远三绝制作技艺、温江酥糖制作技艺、麻饼制作技艺（汤长发麻饼制作技艺）、蒲江米花糖制作技艺、泡菜制作技艺（新繁泡菜传统制作技艺）、酱油酿造技艺（温江滴窝油酿造技艺）、腐乳酿造技艺（唐场豆腐乳制作技艺）、腐乳酿造技艺（蒲江豆腐乳制作技艺）、豆瓣传统制作技艺（郫县豆瓣传统制作技艺）、蒸馏酒传统酿造技艺（水井坊酒传统酿造技艺）、蒸馏酒传统酿造技艺（蜀之源白酒传统酿造技艺）、蒸馏酒传统酿造技艺（彭州肥酒酿造技艺）、蒸馏酒传统酿造技艺（崇阳大曲酒酿造技艺）、红茶制作技艺（文井江枇杷茶制作技艺）、绿茶制作技艺（邛茶制作技艺）、绿茶制作技艺（青城传统制茶技艺）、绿茶制作技艺（蒲江雀舌制作技艺）、绿茶制作技艺（花楸贡茶手工制作技艺）、花茶制作技艺（茉莉花茶传统窨制技艺）、唐昌布鞋传统制作技艺、裘衣制作工艺、川剧服饰制作技艺、洛带响簧工艺、平乐古法造纸技艺、土陶传统制作技艺（张氏土陶手工制作技艺）、土陶传统制作技艺（桂花土陶制作技艺）、邛陶烧造技艺、邛陶烧造技艺（明月窑陶瓷制作技艺）、传统传拓技艺、张氏古琴制作技艺、蒲砚制作技艺、传统金铜制作技艺、成都银花丝制作技艺、成都风筝扎制技艺（金鸡风筝扎制技艺）、成都风筝扎制技艺（敖平风筝制作技艺）、孔明灯制作技艺、成都漆艺、蜀锦织造技艺

续表

序号	类别	数目(个)	具体项目
9	传统医药	11	羌医药（羌医骨科手法治疗凸索·克斯尔哈尔饶依基）、针灸（唐氏芒针）、传统药浴疗法（新繁传统药浴）、传统中医药文化（德仁堂中医中药文化）、成都中医正骨疗法（阴氏中医正骨法）、成都中医正骨疗法（刘氏中医传统正骨手法）、成都中医正骨疗法（何天祺传统中医药疗骨法）、成都中医传统制剂方法、成都中医传统制剂方法（李氏华安堂膏药）、成都中药炮制技术、成都中药炮制技艺（六神曲传统炮制技艺）
10	传统名俗	25	望丛赛歌会、羌年、大地之魂种酒、武侯祠成都大庙会、游喜神方、九莲灯、成都鸣堂习俗、九斗碗习俗、九斗碗习俗（田席）、达摩会、客家水龙节、传统婚俗（客家婚俗）、传统婚俗（川西传统婚俗）、观灯习俗（成都灯会）、人日游草堂、王泗风筝节、天彭牡丹花会、端午龙舟会（新津端午龙舟会）、端午龙舟会（三道堰龙舟会）、川西春台会（元通清明春台会）、火牛阵、都江堰放水节、川西春台会（唐场春分会）、川西春台会（花园春台会）、川西春台会（固驿春台会）

可以看出，成都登记在册的非物质文化遗产分布类别广泛，其中传统技艺类数量最多。这些都是成都作为千年古都的文化积淀，是成都这座城市独特而又闪亮的城市名片。加快建设彰显天府文化特色的世界文化名城，实现中华优秀传统文化创造性转化、创新性发展，就是要保护天府文脉，传承天府文明，在城市建设更新中做好非物质文化遗产的保护与传承。以下简要从点、线与面、系统三个方面举例介绍成都经验做法。

一、点：以传统技艺保留与还原为特征

在成都登记在册的众多非物质文化遗产中，传统技艺类数量最多，工艺保留也较为完整，这在一定程度上彰显了成都作为历史文化名城所积淀的深厚历史文化底蕴。比如郫县豆瓣传统制作技艺、水井坊酒传统酿造技艺、邛陶烧造技艺、成都银花丝制作技艺、成都漆艺、蜀锦织造技艺等都是国家级非物质文化遗产代表性项目，这些都体现了成都这座千年古都蕴

含的深厚历史文化底蕴。成都在传统技艺的保护上主要是以保留与还原为特征。

比如,水井坊酒传统酿制技艺是国家级非物质文化遗产代表性项目蒸馏酒传统酿造技艺的扩展项目,2008 年入选,其遗址是我国考古发现的传统酒坊中年代最早,延续性最强且保存最为完整的酒坊遗址之一,被国家文物局认定为我国发现的古代酿酒和酒肆的唯一实例,被称为"中国白酒第一坊"。该项传统技艺现有国家级代表性传承人 1 位,省级代表性传承人 3 位,市级代表性传承人 7 位。

作为成都传统技艺类宝贵的非物质文化遗产,为保护、传承好这份技艺,以传统技艺的保留与还原为特征,一重保护,二重传承。

在保护方面,水井坊博物馆主要是将生产流线融入展览体系,实现对国家非物质文化遗产价值的全面、多样化阐释。具体来看,一是做好文化遗产的本体保护。为更好地营造当年的酿造场景,成都于 2013 年在水井街酒坊遗址的基础上修建了水井坊博物馆,旨在以真实的生产场景再现 600 年历史的国家级非物质文化遗产"水井坊酒传统酿造技艺",展现水井坊特色酒文化。二是做好做强水井坊酒传统酿造技艺的品牌效应,实现水井坊新旧功能复合。水井坊博物馆结合水井街酒坊遗址与新建建筑的空间特征,保留部分生产功能、将传统酿酒技艺向公众公开展示,是成都工业遗产保护较为成功的案例。水井坊博物馆主要由酒史厅、遗址厅、技艺厅、品牌厅四个展厅组成。酒史厅以图文资料和成都平原出土酒器为展示内容,展示了从宋代的锦江春,明清及近现代的福升全与全兴成,20 世纪五六十年代的成都酒厂和全兴酒厂,以及当今的水井坊的故事。遗址厅主要展示了水井坊的遗址原貌及部分出土文物,包括晾堂、酒窖、炉灶、灰坑、天锅基座及部分青花瓷器。技艺厅主要分为酒坊传统工艺生产流程、酿酒技艺薪火传承、生产工具与原料、水与酒,以及储存与勾兑等多个方面进行展示,游客可以在此通过品尝不同储存期的酒、不同酒精浓度的酒等多种方式感受酒文化的博大精深。品牌厅主要展示今日水井坊品牌、企

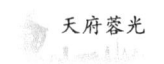

业文化及社会活动等相关情况。

在传承方面，一是多措并举，做优水井坊酒传统酿造技艺的代代相传工作，做好非遗传人的培养；二是结合水井坊自身历史，量身打造与非遗内容高度契合且独具特色的沉浸式戏剧，深入阐释其价值。具体来看，作为非遗传承的践行者，水井坊博物馆根据水井坊自身的历史文化和场地特点，将国家级非遗内容水井坊酒传统酿造技艺与沉浸式戏剧巧妙融合，酿酒工人们全部纳入演员阵容，戏剧剧情与真实白酒生产场景的结合，实现真正意义上的实地、实景、真人、真事的演出，并将美酒品鉴、亲自勾调等环节融入其中，参与感与互动感十足。在非遗节中，水井坊博物馆除沉浸式戏剧之外，还设置有各种非遗技艺的DIY体验、工艺体验讲堂、非遗新生作品首秀等环节，真正实现了让非遗"活"起来。

通过这些传统技艺的保留与还原，让游客可以身临其境地感受和体会这份传统技艺的制作流程和工序，感受成都酒文化的博大精深。

二、线与面：以非遗平台搭建与展陈为纽带

在非物质文化遗产的保护与更新方面，成都除注重对具体非遗项目的保护与活化以外，还注重以平台搭建和展陈为纽带，实现非遗项目的传播与推广。搭建平台，开展丰富多样的活动，打造特色化品牌都是成都在实现非遗传播与推广上的主要举措，比如成都国际非遗节、非遗社会实践、非遗展演、成都大运会非遗元素的呈现、非遗文创产品等，就是其中的具体措施，这些措施均主要着力于搭建非遗平台、开发非遗产品、展陈非遗项目、开展非遗活动等，最终实现对非遗的保护与更新。

2005年，国务院先后印发《关于加强我国非物质文化遗产保护工作的意见》《关于加强文化遗产保护的通知》，决定从2006年起设立中国文化遗产日，这也标志着我国非遗保护工作全面展开。18年来，我国在抢救、保护、传播、推广非遗方面取得举世瞩目的成就。18年来，成都在非遗保护、传播、推广方面的成绩也是有目共睹的，比如成都以非遗节为代表的

非遗保护实践，推动了中国乃至世界非遗的保护与发展，同时也加快了成都这座富含文化底蕴城市的国际化进程。2007年和2009年，国际非遗节连续两届在成都举行。2009年国庆前夕，原文化部批复国际非遗节永久落户成都。每两年一次的非遗盛会，使成都成为联通非遗文化和公众的桥梁的城市典范，也为成都在非遗平台的搭建和展陈上积累了相当丰富的经验。如今，在成都已经连续举办了8届非遗节，每一届都是既搭建了主场平台安排有丰富多彩的主场活动，又设置了很多的分会场和"非遗进万家"主题活动，使得每一位市民在家门口就能够感受和体验非遗节的项目，实现与非遗文化的零距离接触。每一届非遗节的举办都十分受欢迎，因为活动类型多样，越来越多的市民、机构和组织等主动加入了这项活动，人们越来越热爱非遗，也有越来越多的人树立起了保护非遗的意识和自觉。锦、绣、漆器……几千年来，这些具有代表性的中国非遗项目，曾是世界贸易的重要产品，其技艺也是中华民族的宝贵财富。然而随着社会发展，慢慢有被时代湮没的迹象，作为成都乃至中国的重要物质与非物质文化遗产，是中华民族智慧的结晶，是社会得以再次发展，技术得以继续创新的基础，为此成都通过非遗节平台，着力推动锦、绣等传统技艺的传承更新和传统产业的发扬光大，让传统产业向高端发展。此外，成都除用展陈等传统方式实现传统技艺的传承更新以外，还着力于利用现代技术和方式挖掘非遗的当代价值。在非遗节上，不仅有传统技艺的展示，还有相当一部分互联网企业参加展出，他们利用新媒体技术与互联网相结合的方式，呈现出"互联网＋非遗"的深度融合，用技术的方式，实现了实体展场与虚拟展览的结合，线下展览和线上交易的同步，现场体验和网络互动的交融，使非遗在"互联网＋"时代插上了科技的翅膀。

　　与此同时，为更好地实现非遗的保护、推广与更新，成都还推出了非遗品牌评选、非遗年度人物评选、非遗美食节、非遗集市主题活动、民俗文化旅游季等。比如武侯区非遗宣传展示暨非遗集市主题活动，通过集市的方式展示及传播武侯区申报及在武侯区进行传承的非遗代表性项目，让本区域乃至更多成都居民了解武侯的文化魅力，丰富群众精神文化生活，提高区域内群众对非遗的保护意识和自主参与能力。比如，成都市新春文化活动"非遗过大年·乡约九斗碗"，通过传承人新春茶话会、品传统美食、听千年鸣堂、观雄狮争霸、赏非遗技艺、抢生态年猪六大项目，九斗碗习俗、万春卤菜烹饪制作技艺等技艺传承人亲临现场制作非遗菜肴、展示非遗美食技艺等，将与春节习俗密切相关的九斗碗、鸣堂、舞狮等非遗技艺、美食与民俗带到了老百姓身边，呈现了一个充满天府文化气息、乡愁乡情的文化民俗中国年。比如青羊区非遗少年行活动，为加大非遗传播普及力度，深化文旅融合，让青少年深切感受中华优秀传统文化魅力，青羊围绕弘扬中华优秀传统文化，传承发展天府文化，依托辖区内丰富多彩的非遗资源和优质的文旅场景，开展"青羊非遗少年行"研学系列活动，一月一主题，以点带线，以线带面，邀请全市青少年作为青羊非遗小小体验官，跟随非遗传承人与研学导师探寻青羊特色非物质文化遗产，感受青羊地域文化，实现非遗代际传播，等等。这些都是成都在非遗保护、传播"线与面"上的主要措施。

三、系统：从"功能城市"走向"文化城市"

随着对非物质文化遗产保护认识的不断深化，成都对非物质文化遗产的保护也呈现出由"点"向"线与面"、再向"系统"方向扩展的趋势。非物质文化遗产与物质文化遗产同道，在成都城市规划工作中处于越来越重要的位置，已由最初的相对忽视、只注重城市功能建设向注重城市文化建设、全方位提升城市人文素质转变。成都愈加清晰地认识到城市文化本身就是非物质文化遗产，在全球化和城市化浪潮下，成都能不能保持城市文化特色，发扬城市优秀文化传统并实现中华优秀传统文化创造性转化、创新性发展，实现城市新的文化理想，需要做好城市整体规划，实现从"功能城市"走向"文化城市"的转变。

在曾经大规模的城市建设中，特别是20世纪90年代以来，成都乃至全国各大城市的建设者都在把目光更多地集中在城市的功能上，而相对忽视了城市的文化建设。随着人们生活水平的不断提高，城市必须不断努力满足全体市民的各种功能需求，特别是涉及国计民生的相关城市功能更应不断强化。但是城市是复杂的，人们的一切活动都不仅仅是功能主义所覆盖的。对于复杂的城市系统，不进行深入的剖析，仅仅用功能分区等做法，进行机械的、简单化的处理，牺牲城市的有机构成与固有活力，必将致使传统空间、生活肌理及其历史文脉割裂，在一定程度上导致城市记忆消失，无法再现和展示这座古老城市的文明。因而，近年来成都始终以打造世界文化名城为目标，明确提出加强历史文化遗产保护，将历史文化保护纳入城市的整体发展战略。同时，不断激发文旅消费潜力，促进文旅产业融合发展，实现成都历史文化资源活化利用。

打造特色街区、营造新消费场景、加强非遗传播普及力度、推进成都考古中心项目、规划建设重大文创项目、中心城区"15分钟"公共文化设施网络体系建设、群众文化活动、打造品牌文旅IP、开展重大文旅活动、创作天府文化艺术精品、丰富拓展文旅消费业态等。这一系列"组合拳"，都是成都实现城市转型，完成从"功能城市"走向"文化城市"的积极探索。其具体表现如下：一是活化利用历史文化资源，营造新消费场景。集中力量打造均隆街、兴贤街等特色街区，着力推动历史建筑保护利用与天府锦城、天府文化公园、市井生活圈等重大项目集中呈现。二是加强非遗传播普及力度，推进遗址保护和考古遗址公园建设。开展"非遗在社区"工作，培育非遗传承体验中心示范项目，推进金沙演艺综合体、四川大学博物馆群等地标性载体设施建设。三是组织群众文化活动，推进公共数字文化建设。完善博物馆、文化馆、图书馆、美术馆、街道文化中心、社区文化中心等公共服务设施的配套建设；依托各类公共文化服务阵地，以春节、清明、中秋等传统节日为契机，以"线上＋线下"相结合的方式，开展"成都文化四季风"等文化惠民活动。四是打造高能级文旅品牌，重塑民俗活动IP。提升核心文旅IP显示度，创新熊猫文化、古蜀文化、三国文化、诗歌文化、休闲文化等核心文旅 IP 运用转化，打造"成都手作"IP；围绕核心 IP 开发文旅消费产品、开发特色体验消费场景。五是创作天府文化艺术精品，依托博物馆场景和丰富藏品资源，拓展文艺文博 IP 产业发展新空间。大力开发文博创意产品，延伸 IP 授权产业链；推动舞剧《三国》、川剧《十年》、京剧《以母之爱》、音乐剧《熊猫》、交响乐《我爱你，中国》及"巴蜀之路"重大题材美术创作等文艺创作。六是丰富拓展文旅消费业态，积极构建新业态新产品体系，重点发展"蜀风雅韵"文博艺术、"数字尖端"影视动漫等十大文旅消费新业态等。

第五章

空间再塑：休闲之都与文旅体产业融合发展

从"成都，一座来了就不想离开的城市"到"雪山下的公园城市，烟火里的幸福成都"，在城市发展道路上，成都不断满足人们对安居乐业、美好生活的向往，幸福美好生活城市特质更加鲜明，形成了大熊猫、古蜀文化、三国文化、诗歌文化、休闲文化、美食文化、时尚文化7个特色文旅IP体系，国家级旅游品牌数量26个，位居副省级城市首位。党的二十大报告指出："坚持以文塑旅、以旅彰文，推进文化和旅游深度融合发展。"为充分激发文旅消费潜力和活力，推动文旅产业创新发展，成都市人民政府办公厅印发了《培育文旅消费新业态推动文旅产业创新发展实施方案》，提出到2025年，重点打造10个以上消费业态新、聚集程度高、区域带动强、品牌影响广的文旅消费新业态示范区，招引培育20家以上创新能力强、社会效益和经济效益突出、影响力显著的文旅消费新业态领军企业，努力建成40个以上极具核心竞争优势和创新驱动作用的"文旅消费新业态示范项目"，创建一批国家级夜间文化和旅游消费集聚区、国家级旅游休闲街区、国家文化产业和旅游产业融合发展示范区等高能级文旅品

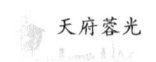

牌，高质量打造彰显天府文化、极具"成都范儿"的体验式文旅消费新业态、新产品、新场景，重点培育十大新业态。

成都这座具有烟火气的幸福城市，连续13年稳居"中国最具幸福感城市"第一名。这座城市有着浓浓市井味的菜市场、茶馆，以热气腾腾的火锅为代表的麻辣美食，独树一帜的时尚盛典和潮流大展，各类别具特色的有趣小店和国际首店，全国各地游客纷纷打卡的网红文创园区，青城山、都江堰、大熊猫、金沙遗址、武侯祠、杜甫草堂等世界大IP享誉国内外，成都的博物馆数量位居全国前列，这里有着最具成都范儿的最美书店，深受年轻人追捧的演唱会、音乐节，以及时下最兴的国潮、动漫、剧本杀、网游。成都人把时光泡在老茶馆里，把味蕾浸在鲜香麻辣间，在老街巷坊中寻求心灵的片刻休憩，繁华与安详、进取与休闲、传统与前沿、市井与优雅、慢生活与快节奏和谐共生，汇聚成这座千年文化古城独有的现代闲适生活方式。

第一节　建设"感知浪漫"音乐演艺新业态

成都繁盛的文化土壤和娱乐基因，营造了浓郁的艺术氛围，自古就有"音乐之都"的美誉。音乐在成都源远流长，底蕴深厚，从古蜀的开明帝到前后蜀的王建、孟昶，从杜甫的"喧然名都会，吹箫间笙簧"到花蕊夫人的"管弦声急满龙池，宫女藏钩夜宴时"，从石刻浮雕"二十四伎乐"到古琴精品"九霄环佩"，从汉代说唱俑、"蜀戏冠天下"到近代中西比较音乐学的奠基人王光祈，从曾经红遍全国的"快男""超女"到如今在全国都颇具知名度的各类音乐节，可以窥见成都辉煌的音乐文化风尚。历史上的文人墨客对锦城音乐的繁盛至极也毫不吝啬赞美之词，"锦城丝管日纷纷，半入江风半入云""满街歌吹月如霜"，对成都音乐兴盛之状的描述流传千古。历史上的成都，每逢佳节盛会，锦江上千帆竞航，丝竹管弦喧天，热闹非凡，是名副其实的音乐之都。张仲殊在《望江南·蚕市》中记录了成都遇到重要的民俗活动时笙歌达旦的景象:"成都好,蚕市趁邀游。夜放笙歌喧紫陌,春邀灯火上红楼。车马溢瀛洲。"张唐英《蜀梼杌》则描述了晚唐五代成都城外音乐繁盛的热闹场景:"村落闾巷之间,弦管歌诵,合筵社会,昼夜相接。"陆游笔下是这样描绘当时成都音乐的盛况的:"忆在锦城歌如海,七年夜雨不曾知。"成都这座城市本身就有着音乐基因,是名副其实的"爱乐之城",音乐是成都人生活中不可或缺的一部分,已经融入了这座历史文化名城的城市特质之中。

一、音乐演艺"第三城"

2016年成都出台了《关于支持音乐产业发展的意见》,2017年底,又进一步提出了打造"三城三都"的目标,提炼出"三城三都"作为建设世界名城的时代表达,并制定了《成都市建设"三城三都"三年行动计划(2018—2020年)》。在《成都市建设国际音乐之都三年行动计划(2018—2020年)》中明确提出,建设以高品质音乐演艺为核心影响力的国际音乐之都。近年来,成都奋力推进城市国际化进程,建设世界文化名城,把音乐作为对话世界、沟通情感、展示魅力的桥梁纽带,作为满足人民群众高品质精神文化生活的必需供给,作为推进文化产业高质量发展的重要方面,围绕"大师、大作、大厅、大街、大团、大赛",推进国际音乐之都建设,并取得了显著成效。2017年,赵雷的一首《成都》火爆全国,让这座阴雨蒙蒙的城市更添了几分浪漫与故事性。无论是玉林路的小酒馆还是九眼桥的灯红酒绿,音乐为成都这座不夜城增添了更多的浪漫色彩。

近年来,成都市围绕建设世界文化名城和国际音乐之都,加快推动音乐事业、产业协同发展,吸引了咪咕音乐、摩登天空、爱奇艺、酷狗音乐等知名企业落户成都,音乐企业3500余家,音乐演艺品牌21个,音乐艺术院校及设有音乐艺术专业的高校19所。此外还拥有国家音乐产业基地东郊记忆、少城视井、城市音乐坊、梵木创艺区4个音乐园区,以及5个音乐小镇——龙泉洛带、彭州白鹿、崇州街子、邛崃平乐、大邑安仁,拥有城市音乐厅、露天音乐公园等专业音乐演艺场馆76个、录音棚124个。成都连续举办了三届中国音乐金钟奖，音乐产业产值连续三年突破500亿元，这座历史与现代、传统与创新并存的新一线城市，备受演唱会市场青睐，相关数据显示，成都已成为全国五大演唱会热点城市之一。

成都露天音乐公园是成都市地标性城市公园，以其独特的音乐主题和综合性的功能成为成都重要的音乐文化地标，以公园城市示范区建设为统领，聚力"自然生态、文化形态、商业业态"三态融合，积极推动公园与城市空间的有机融合，打造出更人性化的生态空间，坚持以音乐为主题，结合文化、体育、旅游、艺术、科技等多个领域，深入推动"音乐＋"概念跨界融合。2019年以来，已成功举办第31届世界大学生夏季运动会闭幕式、火星演唱会、AYO音乐节、迷笛音乐节、MDSK音乐节、抖音汽车嘉年华等各类活动200余场，接待来自全国的游客和观众超过600万人次，推动本地音乐IP培育孵化。此外，还陆续推出"出云市集""夏日星空电影＆音乐季"等主题游园活动IP，不断开拓自主活动策划产业链。

到成都的街头走一走、看一看，正在成为一种潮流。作为继北京、上海之后的中国音乐演艺"第三城"，来成都听音乐、看演出，已经成为许多人"说走就走"的旅行新动力。在成都，交响音乐、明星歌会、动漫游戏音乐、影视音乐、二次元音乐、爵士摇滚、民谣说唱等各类音乐艺术交织融合，和谐发展。强劲的文旅消费也释放出巨大的带动效应，根据成都市文化广电旅游局发布的最新数据，成都每年举办的各类市场化音乐节超过2000场，票房收入接近4.5亿元，带动相关产业经济效益约为33.5亿元。毫无疑问，这些音乐节在提升成都"音乐之都"影响力的同时，也对相关产业产生了巨大的经济推动力，带来了诸如交通、住宿、餐饮、购物、文化娱乐、旅游景区等一系列消费。音乐演出市场为成都消费市场注入了新动能，成都推进国际音乐之都建设，取得了阶段性的显著成效。

成都大运会用于比赛、训练的49处场馆，例如东安湖体育公园、凤凰山体育公园、凤凰山露天音乐公园等赛事场馆，也在"后大运时代"迅速转化为演艺场馆，继续推动公园与城市空间的有机融合，深入推动"音乐+"概念跨界融合，为成都演艺市场的发展提供了机会，不断提升这座"喧然名都会"的吸引力和竞争力。

二、音乐节流量变"留量"

因为一首歌奔赴一座城，参加音乐节已经成为年轻群体一种崭新的生活方式，是城市文化产业落地的重要形式，各地政府越来越重视音乐节促进文旅融合发展的价值，将其打造为城市"文化名片"，成为城市形象的重要组成部分。借助音乐节的契机，音乐、旅行、美食和社交结合起来，来自全国各地的游客置身其中，体验城市的独特氛围和历史文化底蕴。而成都作为国内重要的音乐节举办地之一，每年都会举办一系列知名音乐节，众多演唱会、音乐节为成都的消费市场注入了新的动力，也带来了新的活力。到成都赶一场音乐节、吃一顿麻辣火锅、刷一晚剧本杀成为当下最潮酷的度假模式，也成为文旅消费新增长极。

作为文旅新爆点，音乐节以超乎想象的程度激发出文旅消费潜力。在成都，仙人掌音乐节、草莓音乐节、元气森林音乐节、成都热波音乐节、星巢秘境音乐节、成都街头艺人音乐节、成都诗歌音乐节、成都抓马音乐节、成都AYO音乐节等各类大型音乐节精彩绝伦、应接不暇，各类音乐艺术交织融合，以东郊记忆、梵木创艺区为代表的产业园区Live house和音乐酒吧遍布大街小巷，惠民文艺活动更是丰富多彩。各式各样的音乐节在丰富本地市民的生活方式的同时，不仅带来了丰厚的门票收入和周边产品销售额，更是带动了成都旅游业的发展和繁盛，对成都的旅游、餐饮、住宿、交通等产业起到了推动作用，来自全国各地的歌迷纷至沓来，在欢乐的音乐氛围中感受到了成都的生机与活力，对这座城市的美景、美食和独具魅力的天府文化产生了浓厚的兴趣，也为成都经济发展注入了新的活力。

始于1993年的成都音乐节是中国西南地区最早的音乐节之一，至今已有 30 多年的历史。成都音乐节逐渐成为一个展示音乐与文化的平台，吸引着越来越多的人纷至沓来。听一场演唱会、参加一次音乐节已经成了成都人自修、休闲、会友的方式，也改变着这座城市的文化艺术生活。始创于 2009 年的成都热波音乐节，是国内最老牌、最被人熟知的流行音乐节之一，每年 5 月 1 日至 3 日在成都保利 198 公园举办，以摇滚、流行为主，注重打造音乐体验内容，是兼具青春和自由气质的户外音乐节。于 2018 年 9 月创立的仙人掌音乐节，是成都首个本土原创大型音乐节品牌，凭借独树一帜的风格和豪华精彩的阵容在众多音乐节品牌中脱颖而出，在全国都具有很高的知名度和影响力，及至 2023 年，仙人掌音乐节省外观众超过 70%，成为文旅产业发展的新热点。

音乐节对消费的增长和城市形象的塑造具有很强的推动力，不仅是一场音乐盛宴，也提供了一次打造旅游文化品牌、塑造城市形象的契机，当音乐节与文创消费场景、旅游消费场景、餐饮消费场景、会展消费场景产生联动互促效应时，也为"三城三都"建设过程中的下游消费市场增添了新的动力。消费者在音乐氛围的营造下更好地参与和体验，同时，通过突出个性化和差异化，实现"音乐节＋旅游资源"相融合，推动当地旅游经济的繁荣发展。"旅游＋城市品牌"正在成为国内音乐节的主流运营模式，通过音乐节自身的宣发系统能够带动城市宣传，并提升城市自身影响力，实现文旅体产业的融合发展。在构建消费空间过程中，改善游客的体验，增强游客的参与度，可以提升旅游目的地消费空间的吸引力和竞争力，满足游客对美好生活的期待和追求。

以音乐节为主的演唱会经济对于触动城市消费引擎，某种意义上来说只能起到吸铁石的作用，具有瞬时性和阶段性，如何获取和维持音乐节的流量，并将其转化为"留量"，覆盖更广人群和更长时段，实现从瞬时演唱会经济到持久消费引擎的转变，这是当前许多城市面临的主要问题。一方面，随着音乐节的普及和市场竞争的加剧，游客们追求更加多样化的视听观感，获取足够的流量变得越来越具有挑战性；另一方面，如何将这些流量转化为稳定的"留量",实现流量的长期价值和转化,也是需要深入思考的。在成都"三城三都"建设过程中,音乐之都和旅游名城的建设是相辅相成的,通过演唱会演出引流,将人流、人气转化为经济效益,成为城市经济"留量",需要"有形"的城市文化资产再往前迈一步,和消费者主观感知建立深度连接,触发情感体验。这需要城市通过个性化与差异化实现"音乐节＋旅游资源"的融合,依托地方特色文化底蕴来加持文旅消费体验,从而焕发生命力,提升音乐节的吸引力和独特性,助力音乐流量变为城市"留量"。

音乐节对城市来说是一张精美的"邀请函",游客纷纷奔赴"雪山下的公园城市",借着参加音乐节的机会,穿梭在大街小巷中感受"烟火里的幸福成都",但音乐节狂欢结束之后,来自游客的另一种"审视"才刚刚开始。庞大的客流量给城市的综合服务能力带来了挑战,只有多方发力,增强城市服务能力、改善配套设施、优化售票机制,为观众提供优质的现场体验和良好的参与感,才能增强观众的归属感和留存率,提升满意度和忠诚度,进而实现流量的长期价值和有效转化。

如今的成都,不只有热血和青春气息燃爆的音乐节、演唱会,各类高雅的交响音乐会、话剧、舞剧、音乐剧也逐渐成为普通市民生活中的一部分,此外脱口秀、Live house演出、相声表演遍地开花,演出形式新颖多样,极大地丰富了市民的文化生活,呈现出音乐之都的万千气象。

三、"数字尖端"影视动漫新业态

当前,成都正加快建设世界文化名城、打造"三城三都"的战略部署,加快推进世界文创名城建设,文创产业活力持续增强,产业链不断健全。2021年,成都市发布了《数字文化创意产业发展"十四五"规划》,明确提出要着力打造"中国动漫名城",成为全国首个针对数字文创产业制定"十四五"规划的省会和副省级城市。此外,成都市还积极联动四川大学、电子科技大学、成都大学等多所高校,优化动漫人才的培育与储备，从而进一步推动动漫产业成为经济发展的新增长点。之后，在2022年成都市又发布了《关于印发培育文旅消费新业态推动文旅产业创新发展实施方案》。在这一方案中，成都市提出要"高质量打造彰显天府文化、极具'成都范儿'的体验式文旅消费新业态、新产品、新场景"，"发展'数字尖端'影视动漫新业态"。

成都以"二次元之都""动漫之都"享誉全国，是中国动漫产业的重要基地之一，近年来，成都动漫游戏产业迅速发展，一跃成为国家四大数字媒体技术产业化基地之一。打造了FUN成都游戏动漫节、CGK动漫游戏嘉年华等动漫展会品牌，每年举办的漫展达200余场，吸引了腾讯、雪绒花等动漫行业头部企业落地，同时致力于培育本土具有代表性的动漫游戏企业，如可可豆、艾尔平方、索贝数码、东极六感等近400家，陆续建成了瞪羚谷数字文创园、天府国际动漫城等产业园区，有力地推动了全产业链的快速发展。目前，成都拥有超5万名动漫游戏相关从业人员，动漫、电竞、潮玩等全新文创业态持续涌现，不断迭代。在成功制作《十万个冷笑话》《哪吒之魔童降世》《姜子牙》《梦幻新诛仙》等多部备受瞩目的国产动漫影视作品后，成都已跃升为国内动漫创作的领军者。

成都历史悠久璀璨，文化底蕴丰厚，并且"筑巢引凤"吸引人才，还有着极为活跃的市场与领先全国的创造力，这一切为动漫游戏产业的发展提供了坚实基础。作为一座拥有深厚历史文化底蕴的城市，成都依托大熊猫文化、三国文化、三星堆文化等有着天府文化特色的世界级文化IP成功推出了多部优秀动漫作品，成为当下数字文创产业的热土和全国重要的风向标。成都在数字文化创意产业方面取得的成功离不开"内容为王"的理念，始终保持着敏锐的感知力，不断探索新的领域，打造全新的文创IP。成都数字文创产业的成功并非偶然，而是源于其深厚的文化底蕴和对潮流前沿、产业演变、城市生长的敏锐感知，以及独具个性的创新意识，以独特的视角和思维方式，将传统文化与现代科技相结合，运用数字技术"赋能"，打造出具有创新性和影响力的文创"爆品"。《哪吒之魔童降世》《姜子牙》都是根植于中国传统文化,并大胆作出原创性改编,将传统文化与现代科技相结合,赋予了文创产品更多的文化内涵和独特魅力。同时积极孵化爆款产品,通过优质的内容和创意,让产品在市场中脱颖而出,赢得了广大消费者的喜爱和追捧。为城市经济增长注入了新的活力,也成为城市文化传承的重要载体。它不仅引领着潮流文化的发展方向,更在不断探索中开拓了新的文化领域。

2023年10月,成都先是成功举办了主题为"共生纪元"的第八十一届世界科幻大会(2023成都世界科幻大会),来自世界各地的顶尖科幻作家、产业代表、专家学者和科幻迷齐聚在这座拥有4500年文明史的千年古都,共话科幻产业的发展与未来趋势。随后,成都市又举办了文创业(数字文创)建圈强链招商引智推介会,此次推介会上,共有21个文创产业项目与成都成功签约,为城市注入了新的活力和机遇。这些项目将积极探索文商旅体融合发展的新路径,为成都数字文创产业开拓更广阔的生长空间。此外,会议还发布了文创业(数字文创)建圈强链招商引智机会清单,涵盖传媒影视、创意设计、音乐艺术等文创业重点领域。

成都市精心打造了"成都影视城",并在同年12月被正式确立为成都市级的产业功能区。作为四川省影视产业发展"一核多极"战略的核心,成都影视城也得到了国家广电总局的认可,成为全国首批国家级超高清创新应用产业基地及国家广播电视和网络视听产业基地。这座影视城以数字化技术为特色,以"科幻+动漫"内容为突破口,成功构建了一条完整的影视文创产业链。在产业发展、项目建设和人才聚集等方面,成都影视城取得了引人注目的成果,现已成为西部地区规模最大、数字化程度最高的影视产业发展高地。除《公诉》《八角笼中》《困兽》《故乡别来无恙》等大制作外,还摄制了近30部影视剧和综艺作品,包括《哪吒之魔童降世》《我的父亲焦裕禄》《藏地奇兵》《你是我的英雄》《了不起的我们》《亦舞之城》《虎啸图》等。其中,《我的父亲焦裕禄》荣获第十六届精神文明建设"五个一工程"奖。

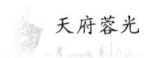

成都正积极抓住数字化文旅发展的新机遇，通过线上线下融合开辟数字交互蓝海，提升影视动漫产品与活动的互动性和沉浸式体验水平，塑造"最成都·新文"品牌。同时，致力于提高动漫产业的质量和效益，打造一批具有地方特色的动漫品牌，促进动漫产业在全产业链、全年龄段的发展，坚持内容原创和科技应用并重，推动将虚拟现实技术、复制仿真技术等集成应用到动漫设计和制作领域。此外，成都还深入挖掘民间故事资源，推动经典民间故事动漫选题创作，鼓励企业积极创作具有地方特色的经典民间故事动漫作品。与此同时，成都也推动数字动漫与"国潮"产业的深度融合，形成一批具有市场影响力和竞争力的知名动漫IP。为了进一步拓展动漫产业链，成都鼓励动漫企业整合产业上下游资源，发展品牌授权和形象营销，开发电影、主题公园、舞台剧等产品，推出玩具、服装、文具、食品等衍生品。

多元化和多层次性赋予了成都数字文创领域活力，天马行空的创意、追逐前沿的技术、日新月异的创新和深厚的传统文化底蕴紧密结合，为数字文创企业提供了丰富的资源和机会，促进了数字文创产业领域的快速发展，从而也让成都快速成长为中国数字文创产业的一颗璀璨明珠。

第二节　开发"雅致小隐"文旅潮流新业态

休闲旅游、文化体验、特色美食成为当前人们出游消费的重点。2023年上半年，以探寻传统文化、研学、露营、特色民宿体验等为代表的旅游新业态、新产品也成为文旅消费的新热点，吸引大量游客体验。研学旅游、网红民宿、露营经济、非遗传承，这些当下文旅潮流，与成都独有的历史文化底蕴相结合，散发着独具魅力的强大生命力。成都市坚持推陈出新，深入挖掘在地文化，不断地植入新的业态和新的产品，"新铁人三项"——公园里搭帐篷露营、环城绿道上骑行、龙泉山看日出，已经成为成都人民过周末常见的休闲方式，在青山绿水间感受城市的生态之美，实现山水人城和谐相融。

一、"浸浴自然"生态畅游新业态

2018年2月，习近平总书记来川视察天府新区时首次提出了"公园城市"重要理念。在2022年2月10日，国务院正式批复同意成都建设践行新发展理念的公园城市示范区。成都以新发展理念为"魂"、以公园城市为"形"，推动公园城市示范区建设内涵式进阶。作为公园城市的首提地和示范区，成都既有良好的生态本底，又有丰富的文化资源。如今的成都，天府绿道覆盖整座城市，户外运动、亲子娱乐、公共艺术等各种业态穿插其中，处处彰显出公园城市的独特魅力。

成都市近年来实施"五绿润城"示范工程行动，通过"城市绿心"（龙泉山城市森林公园）、"生态绿肺"（大熊猫国家公园）、"活力绿脉"（天府绿道城市）、"超级绿环"（环城生态公园）、"精品绿轴"（锦江公园）构建蓝绿交织的公园体系，打造园中建城、城中有园、推窗见绿、出门见园的公园城市形态。成都以龙泉山城市森林公园、龙门山生态旅游带、天府绿道、川西林盘等为重点，聚力发展温泉康养、民俗（农事）体验等休闲度假综合业态，着力打造了一批林盘景区和新潮旅游目的地。

露营，已成为成都年轻人的一种新型社交方式，90后年轻用户和80后亲子人群成为露营消费群体中的主力。露营火热"出圈"，休闲惬意的微度假成为市民在家门口的诗与远方，去户外露营已逐渐成为成都周边游最火的度假模式，也是成都市民周末的普遍休闲方式，尤其是到了暑假，沉浸式水边露营更是火爆朋友圈，撑起天幕、支起帐篷、打开折叠桌椅、用流动的溪水冰起西瓜和饮料，成都人的生活如此惬意。相关数据显示，2022年成都在热门露营客源地中位列全国第二，同"北上广"三地一道贡献了全国超三成的露营游客量。

彭州作为近年来尤为热门的生态畅游地，通过建设标准化露营地和创新露营消费场景，推出年轻化、个性化的消费体验产品，推动了"景区＋露营""乡村＋露营""露营＋演艺""露营＋体育"等融合发展，进一步促进营地旅游消费升级。彭州鱼凫湿地公园通过生态引领三产融合的方式，盘活生态资源，壮大集体经济，推动乡村振兴，走出了一条公园城市的乡村生态价值转化之路，描绘出"城市与湿地、人与自然、现代与传统"交相辉映的绮丽景观。鱼凫湿地公园通过绿道将帐篷露营区、竹筏体验区、户外活动区、生态咖啡厅、冷水鱼庄、星空泡泡酒店等一个个特色消费场景串联起来，成了网红打卡地，带动了整个渔江楠区域的发展。

绿道作为成都生活美学之道，也已成为成都人日常休闲生活中不可缺少的一部分。成都依托绿道建设创造生活消费场景，大力发展体育赛事和健身康养等特色产业。成都环城生态公园绿道全环贯通，由100千米一级绿道连贯而成，78座绿道桥梁相接，121个特色园逐步串珠成链，是目前全国最长的城市环城绿道。不用出远门，环城生态公园成为市民贴近自然的首选露营地。从在茶馆里喝茶到在公园里散步，再到"新铁人三项"，环城生态公园给市民们提供了新的去处、新的生活方式，让成都这座"来了就不想走的城市"魅力更加彰显。以生态为"底"，以自然为"景"，环城生态公园正变成城市的消费场、创意场和生活场，构建了众多新经济公园场景、体育赛事场景、新经济文旅场景。江家艺苑亲子马术、天府绿道SUP桨板国际公开赛、锦城湖"浪速小铁三"比赛等网红项目刷爆成都市民的朋友圈，持续吸引年轻游客，未来也将打造更多样化、国际化的消费场景。数据显示，环城生态公园2022年接待人数超过6000万人次，相比2021年增长160％，2022年成都市民在绿道系统骑行公里数达63000千米。结合绿道系统，已经落地的产业有来自西班牙的网球、马术、马拉松赛事及其他的竞赛活动。共建雪山下的公园城市生态圈，彰显雪山下的公园城市特质，多元的业态让成都人的"爱玩"需求得到充分释放。如今的成都，数百公里城市绿道串联起众多的城市公园，只要一出太阳，成都市民就会"占领"每一处公园绿地，亲近自然体味这最普惠的民生福祉。公园城市建设已经悄然间改变了整座城的精神和气质。"雪山下的公园城市"已成为成都亮丽的名片和重要的形象标签。

二、"雅致小隐"特色宿集新业态

成都被誉为中国的"民宿第一城",目前拥有超过2万家民宿,这些民宿风格独特、设计精美。近年来,成都市坚持"彰显文化、特色鲜明、融合创新、绿色生态、以人为本、规范有序"的原则,推动旅游民宿产业高质量发展。通过深挖本地文化资源,创新培育"民宿+"业态,不仅盘活了农村的闲置资源,也成功地推动了乡村的生态价值转化为经济价值。成都市坚持文商旅体深度融合发展思路,依托丰富的自然资源、文旅资源,加快完善民宿产业发展政策体系。成都市在2019年印发《关于促进民宿业健康发展的指导意见》,提出要打造一批适应市场需求的差异化、个性化民宿体验产品,并且明确制定民宿业发展规范标准、加强民宿分类指导、着力塑造民宿品牌等主要任务。之后又出台《成都市旅游民宿管理办法(试行)》,在提升服务品质、促进旅游民宿业高质量发展等方面提出具体举措,为旅游民宿产业可持续发展提供政策支撑。

近几年的成都民宿更加关注消费者的体验感,更具地域特色,也更趋精品化。新冠疫情暴发后,国内游客在住宿消费体验上更加注重安全性、私密性和品质化,出游小众化、分散化成为新的消费趋势,进一步促进了国内住宿消费升级和供给优化,以精品化、小型化、小众化为特点,为游客提供独特消费体验感和个性化、差异化住宿服务的民宿迎来了快速爆发的行业风口。[①] 在文商旅体深度融合的发展思路下,成都依托其丰富的自然和文旅资源,正加快完善民宿产业发展的政策体系,旨在实现各区(市)县的均衡集聚、高效协同发展,并充分利用各区(市)县的良好基础,推动多点多极发展。在都江堰市青城山镇、蒲江县明月村、彭州市龙

[①] 田蓉:《彰显天府文化美学价值 推动成都民宿高质量发展》,《先锋》2021年第2期。

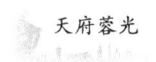

门山湔江河谷生态旅游区等区域初步打造形成一批民宿发展集聚区,成功培育了一批具有全国影响力的民宿品牌。

民宿宿集是有凝聚力的精品民宿集群,实现了配套功能,将艺术文创、家庭亲子等多种元素融为一体。民宿集群作为生活方式集群,与当地特色、文化、艺术、旅游等不同业态相融合。近年来,"宿集"从一个新生词汇席卷整个民宿行业,让国内旅宿爱好者和从业人员皆见证了一场热度与流量的上升奇迹。

都江堰市有着世界文化遗产、自然遗产和灌溉工程遗产,有着青城山、都江堰、大熊猫等世界级旅游资源和优越的生态环境,有着打造高品质民宿所需的独特且丰富的资源优势。近年来,都江堰市立足近郊游、微度假新发展趋势,全力推动民宿标准化、品质化、产业化、特色化发展,率先培育川内富有原生地文化和特色体验的民宿集聚区,推动旅游经济稳步复苏。都江堰市区域内现有各类民宿548家,精品民宿100多家,培育民宿联营公司1家、民宿培训机构1家、民宿"双创"孵化园2所。

彭州,位于成都西北部,地理位置得天独厚,一边是天府沃野,一边是莽莽高原,一年中有200多天可以看到雪山,风景秀美、文化深厚。在彭州平原地带,有许许多多的林盘相映其间,将林盘院落、大地景观、乡野民宿等有趣好玩的元素串珠成线,逐步形成了移步换景、相融共生的乡村田园景致,仿佛走进了一处"望得见山、看得见水、留得住乡愁"的现代桃花源。2017年,龙门山开始了一场自上而下的有序变革,短短几年时间,从土地产权开始,创新宅基地入市改革、吸引资本下乡、盘活乡村资源,全力推动民宿产业上下游、左右岸配套,还成立了西南首家民宿学院。目前,初步形成了"东有莫干山,西有龙门山"的民宿生态产业格局,位于龙门山湔江河谷生态旅游区的"龙门山·柒村"精品民宿产业园,利用龙门山7个自然村落打造民宿集群。产业园已先期启动核心区建设,占地约3636亩,总投资约5亿元,先后引进了浮云牧场等10个品牌民宿入驻,产业园顺应消费升级新趋势,按照高位发展山地旅游产业要求，不断盘活乡村资源，带动乡村消费升级，促进乡村经济发展，打造农商文旅体融合发展的新业态目的地。

作为一座拥有千万级人口的特大城市，成都遥望5000米以上的雪山，坐拥丰富的山地、湖泊等自然资源。都江堰、大熊猫等国内外知名文旅资源，以及天府绿道、川西林盘等特色资源，共同构成了成都独特的魅力。成都已经成功创建了3个国家级全域旅游示范区、3个天府旅游名县、13家省级旅游度假区和91家国家A级景区，为成都民宿的高品质发展提供了得天独厚的条件。在这里，游客可以通过民宿深入感受成都的生活美学，并通过特色美学民宿进一步展示天府文化的创意和美学价值。为了进一步挖掘天府文化元素，成都还将建设一批彰显天府文化、富含生活美学、具有现代美学感和一流体验感的文化民宿和美学民宿。

三、"亲子互动"研学旅游新业态

一到暑期，"遛娃"需求得以释放，研学游成为一大热门。研学是教育与旅游跨界融合的产物。近年来，研学旅行逐渐从小众走向大众，将孩子们的春秋游、劳动课、实践课等整合，实现研中有学、游中带学、寓教于乐的课程设计，成为孩子们喜爱的"第二课堂"，相关消费需求的释放，成为研学经济发展新动能和文旅消费市场的新增长点。"双减"之下，研学成为"第二课堂"，把课堂延伸到教室外，教学拓展到书本外。研学在中国有深厚的文化土壤。从古人提倡读万卷书、行万里路，到此前盛行的夏（冬）令营、海外游学等，尤其是2016年国家有关部门提出将研学旅行纳入中小学教育教学计划，这也加速了需求的释放和供给的跟进。让孩子通过研学收获知识，同时也能在过程中完成亲子陪伴和亲子共学的体验。

成都有着丰富的天府文化资源，充分利用旅游景区、文博馆所、红色教育基地、科普场馆、动植物园、知名高校等资源，围绕亲子互动、研学游学等新兴消费需求，发展复合型消费新业态，推动新场景转换为研学旅行新产品，推出了一批科普教育、传统文化、红色经典、户外拓展等研

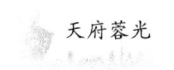

产品（课程）和线路，培育打造一批高品质、专业化的研学教育示范基地；加快非遗传承活化利用，深度开发一批陶艺、泥塑、竹编、扎染等动手实践性强的非遗体验项目，打造了一批非遗体验基地、非遗特色村落等非遗生活美学新场景、研学旅行精品线路、研学旅行示范基地。

成都高新区大力推动数字技术与文化、旅游、体育深度融合，在2023年8月27日推出了Hi我图（Hi Walk Tour）成都高新区数字文旅体地图项目，发布了首期文旅体亲子游路线，为市民提供一个探索成都高新区文旅特色的新方式，进一步丰富了优质文旅体供给，满足市民多元文化需求。

成都市成华区通过整合区内研学资源，梳理特色研学线路、场景和课程，打造了"自然科普都市游"和"工业文明时尚风"，前者以大熊猫基地、自然馆、动物园为依托设计主题研学旅行，后者则依托东郊记忆进行打造，同时充分挖掘高校资源和行业协会研学方面的资源整合及引领作用，通过研学带动亲子游、周末游、周边游。

成都蒲江铁牛村，距离成都75分钟，是由3000多位本地村民和60多位新村民共建的未来乡村公园社区，先后获评四川省"四好村"、四川省农房建设试点村、成都市乡村振兴示范村、四川省乡村振兴示范村，它是CCTV-1《山水的家》节目录制地。目前，300亩核心示范区正在建设中，已建成社区融合中心、社区双创中心、丑美果林乐园、铁牛妈妈的餐厅、匠心民宿等共创空间和消费场景8个，成功举办丑美生活节、低碳生活节等大型节会5场次，开发阿柑周末营、周末亲子课堂等活动品牌4个，研发丑橘巧克力、丑橘果酒、丑橘蜡烛等特色农创、文创产品6个。

距离成都市100多千米的蒲江明月村，有着一座300多年历史的龙窑，是目前四川唯一"活着的邛窑"。2012年之前，这里只有茶园、松林和沉寂多年的明月窑。2014年，明月窑被修复，并大力引进文创项目，开启了明月村的新生命。4年时间共引进40多个项目和100余名新村民（来村创业的人）。陶艺工坊开设了亲子体验项目，带着孩子体验传统文化、培养动手能力，沉浸式体验非遗技艺。

第三节 发展"乐活风尚"休闲消费新业态

苏轼曾言:"成都,西南大都会也。"《蜀都赋》有云:"金城石郭,兼市中区。既丽且崇,实号成都。……市廛所会,万商之渊。列隧百重,罗肆巨千。贿货山积,纤丽星繁。"北宋赵抃《成都古今集记》记载了成都的"十二月市":"正月灯市,二月花市,三月蚕市,四月锦市,五月扇市,六月香市,七月七宝市,八月桂市,九月药市,十月酒市,十一月梅市,十二月桃符市。"一年十二个月,月月皆有市,商业非常的繁盛,因此唐宋时期有着"扬一益二"的说法。陆游在谈到成都集市时也说道:"何事又作南来?看重阳药市,元夕灯山。花时万人乐处,欹帽垂鞭。"并在诗中描述了他所见到的成都灯市:"鼓吹连天沸五门,灯山万炬动黄昏。"世界上第一张纸币——交子的诞生也从一个方面反映出成都消费的发达和活跃程度。成都千百年的商业史孕育了休闲之都和消费中心的深厚底蕴。从这些相关记载中我们可以看到,成都一直以来都是商业繁华之地。

今天的成都,作为一座时尚且有活力的消费型城市,正在加快打造国际消费中心城市,旅游消费品质化、个性化需求加剧。沉浸式文旅新场景推动消费升级,层出不穷的新场景、新模式、新业态不断涌现,为人们提供丰富的文化体验,为文旅产业发展注入新动能,充分激发城市消费新活力。

一、"蜀风雅韵"文创消费新业态

当前,成都正在加快打造具有全球知名度和影响力的世界文创名城建设,文创产业活力持续增强,产业链不断健全,展现出蓬勃发展的势头。《王者荣耀》《哪吒之魔童降世》等现象级文创产品掀起了成都文创产业发展的热潮，推动文创产业不断迭代升级和高质量发展，为城市的经济社会发展注入新的动力。成都文创产业依托天府数字文创城、少城国际文创谷、东郊记忆艺术区，联合成都影视城、三国创意设计产业功能区、安仁·大邑博物馆特色小镇，强化了产业建圈强链核心承载地的角色，目前已经成功打造了青羊绿舟文化产业园等18个国家级、锦江文化创意产业园等23个省级、瞪羚谷数字文创园等58个市级园区（基地）高能级产业载体。内容创作产业，如影音娱乐、动漫游戏、文艺创作和创意设计行业，被视为文创产业的上游；放送渠道产业包括广电、出版、新媒体行业；下游体验场所以博物馆、文化展馆和主题公园为主。

成都推出系列文旅和促消费活动，带来更新鲜、更新潮、更多元体验的同时，也为提振内需发力，助推成都加快建设国际消费中心城市。"打卡"博物馆，收集文创周边已经成为当下年轻群体成都游的打开方式。一到节假日，成都市内"文博游"就备受青睐，各大博物馆、展览馆人流量爆棚，到文博场馆看展览已经成为人们一种新的生活方式。成都金沙遗址博物馆、四川博物院、成都博物馆、成都自然博物馆等节假日可谓一票难求，这些博物馆越来越注重文化、产品与体验的创新，还会围绕一定的主题开展系列文化活动，内容精彩纷呈，市民们在沉浸式体验中感受到了天府文化的魅力。

成都博物馆。国家一级博物馆，是西南地区规模最大的综合性城市博物馆，已成为成都的文化地标，记录与展现成都恢宏历史的"百科全书"，是成都人的精神家园。博物馆还挂有成都中国皮影博物馆的牌子，是2006年国务院授牌的四川首家、成都唯一的国字号博物馆。占地面积约17亩，总建筑面积约6.5万平方米，展陈面积约2万平方米，有"花重锦官城：成都历史文化陈列（古代、近世、民俗）""影舞万象 偶戏大千：中国皮影木偶展""人与自然：贝林捐赠展"三大常设陈列。自2020年9月起，全国首推"周末儿童博物馆"，被《人民日报》评价为"以实际行动践行党的二十大报告中所提出的'增强中华文明传播力'重要指导思想"，三年来已惠及近5万组家庭、10万余人次。国家文物局社会教育示范项目"巴蜀文化进校园",联动成渝地区40余家学校、文博机构,惠及学生2万余人次,生动实践"一个博物院就是一所大学校"。2023年6月,由国家文物局和四川省人民政府主办的成都博物馆"汉字中国——方正之间的中华文明"特展观展掀起了观影的热潮。河南舞阳贾湖遗址刻符龟甲、征伐刻辞卜骨、祭祀刻辞卜骨、史墙盘、晋公盘,以及虞世南《大运帖》页、褚遂良《同州三藏圣教序碑》拓片、辛弃疾《去国帖》、赵孟頫临《兰亭序》等珍贵展品,为观众展示了汉字与中华文明相生相发、相互成就的历史长卷。

成都自然博物馆(成都理工大学博物馆)。总建筑面积50520平方米,展厅面积共17005平方米,地下一层、地上四层,是成都首座不规则形态公共建筑,是西南地区建筑体量最大的自然博物馆,2022年11月23日正式对社会开放,一经开放,一票难求。始建于1960年,是中国西部乃至全国享有较高知名度以地学类藏品为主的自然博物馆,是全国最具影响力的高校博物馆之一。获评2022年度成都市"十大幸福工程"。2022年,成都自然博物馆首次登上全国热搜博物馆百强榜单,并在十大热搜自然类博物馆中名列第六;荣获2022年第三届Pro+Award普罗奖,获得了公共建筑类别银奖;被评为"人民阅卷·十大市民点赞项目""2022年成都生活美学大赏——年度十大空间"。

成都天府艺术公园。城市化需要人文关怀、理性反思,需要适时调整、走向未来。成都一直在"城市与艺术"这条路上不断探索前进。成都天府艺术公园的开园,将"艺术+公园"的生活理念呈现在市民眼前。坐落于成都市天府软件园里的成都当代美术馆,是成都一道科技与人文交相辉映的独特风景线。除此之外,成都还有许多文化艺术民营非营利性机构。成都蓝顶美术馆依托蓝顶艺术家群落诞生,目前分为新馆和老馆两个场馆。自2009年成立以来一直致力于推动中国当代艺术的展示、推广、交流。既有艺术范儿又接地气的艺术空间与美术馆,在成都一直以来都不缺。除千高原、K空间、A4等本土老牌的专业艺术机构外，近年来还涌现出成都当代影像馆、成都时代美术馆、广汇美术馆等大批美术馆和艺术机构。各类艺术场馆和展览，丰富了成都文旅的新供给，以新供给推动文旅消费快速升级。同时，利用新兴的创意园区、艺术街区、公共空间等场所举办多样化的艺术展览和活动，不仅丰富了成都的艺术空间和形式，也丰富了成都的城市景观和氛围。成都的文博展览不仅吸引了大量的游客和观众，也留住了他们的心和情感，让他们在成都享受到了丰富多彩的艺术体验和文化氛围。

成都文博场的"热"，一方面是人民文化自信不断增强的生动缩影，另一方面是优质文博资源创新推广的必然结果。成都的博物馆变得越来越亲民，更加关注大众的观展体验。如四川博物院、成都金沙遗址博物馆等，布展时大量使用低反射玻璃，让观众告别拍照反光的尴尬，实现对文物的无阻碍观赏。此外，展厅虚拟漫游、文物3D建模、游戏互动体验等新技术的运用，让文物变得更加鲜活可触。在政策保障方面，成都先后出台《成都市"十四五"世界文创名城建设规划》及五年行动计划，并在电竞等细分领域制定扶持政策，构建"市级重点专项规划＋行动方案＋配套政策"的高质量发展保障体系。在市场主体方面，全市现有规上文创企业3031家。在重点项目方面，聚焦产业强链补链，瞄准数字文创等重点领域，新招引中传华夏、哔哩哔哩西南总部等项目，推动京东方艺云数字文化产业基地、成都智媒体城、白鹭湾数字新经济科创园、锦江区文化创意中心、天府国际动漫城等多个文创产业项目加快建设。无论从哪个方面分析，都可以看出，成都文创业正在乘风破浪、高歌前行。

自2014年起，成都每年都举办成都创意设计周，旨在树立成都创意设计周产业形象，提升创意产业发展环境，打造创意设计产业的品牌形象，活动全面提升了"成都创"的国际化水平和影响力，极大开拓了成都创意设计产业发展空间。2020年8月20日，腾讯宣布，其全国首个功能性总部——新文创全国总部落户成都。2023世界文化名城论坛全球大会10月

16日在成都召开，会上发布了《世界文化创意中心城市报告》，分析认为丰富多彩的文化、创新精神、政府支持、不断增长的专业人才规模以及传统和现代的无缝融合等使得"成都已成为中国主要城市中表现突出的全球创意经济中心""成都正在成为潜在的全球数字创意中心"。成都作为国家历史文化名城富含文创基因，正在成为潜在的全球数字创意中心。

随着成都这座城市对文创需求的变化，文创商店迎来了迭代升级。漫步于成都的街坊巷里，各类特色小店随处可见，每一家都有着独特的风格和魅力，这些小店不仅是商业空间，更是城市文化的重要组成部分。在成都，可以看到文艺气息的书店、古色古香的茶馆、别致芬芳的花店，还有独具个性的咖啡馆和创意十足的潮玩店。这些小店与成都人的生活紧密相连，成为城市烟火气和幸福感的新载体，提供商品和服务的同时传递了城市的温度和情感，成为城市文化的一部分，为人们带来了更多的选择和体验，让城市更加充满活力和魅力。而这正是最具烟火气和幸福感的公园城市的最新表达。

二、"运动成都"体育消费新业态

一座城市的体育精神和文化对于塑造城市精神、增强城市软实力和凝聚力、促进城市发展等方面都至关重要，可以增强市民的凝聚力和向心力，提升城市的形象和知名度，为城市的经济社会发展注入新的活力。深刻影响着市民的生活，运动融入生活，体育作为城市经济、社会、文化以及人全面发展的有机组成部分，是城市与世界交往交融的桥梁纽带。新的历史时期，成都被赋予了建设公园城市示范区的历史使命，正努力探索一条既有区域特色又有国际影响力的体育创新发展道路，在积极申办筹办大运会、世乒赛、汤尤杯、世运会等重大赛事的同时，成都公园城市建设的美丽蓝图与构建更高水平的体育公共服务体系紧密结合。成都正在实施消费新场景打造行动，大力创新体育消费新业态。近年来，在体育与新业态、新场景结合的大环境下，成都坚持筑景成势、赋能发展，抢抓入选首

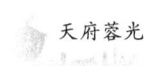

批国家体育消费试点城市机遇，加快打造满足市民美好生活需要的体育消费集聚地——体育服务综合体，并构建体育产业特色生态圈，助力城市体育更快发展。如今，成都市民的"运动打卡地"以体育公园、绿道运动场、社区运动空间等多种形式在市区得以呈现，"高大上"、时尚范儿的体育综合体在成都开始遍地开花，打造了更多满足人民群众高品质生活需求的"新场景"，成为促进高质量发展的"新引擎"。

成都在2022年11月举办了以"运动让生活更美好"为主题的首届生活体育大会，并提出了"生活体育"的理念，激发生活体育的内生动力，让体育运动成为老百姓美好生活的一部分。在大运会的带动和"生活体育"理念的激荡下，成都近年来产生了大量的创新型运动商业新空间、体验式文体产业新空间、"一站式"家庭消费新空间、服务式配套产业新空间，体育作为城市肌理的细胞单元，在成都城市经济的转型升级中扮演的角色越发重要。

根据《关于加快建设世界赛事名城赋能体育产业高质量发展的实施意见》，到2025年，成都市体育产业总规模超过1500亿元，全市体育消费总规模突破800亿元，成功创建国家体育消费示范城市。下一步，成都将促进体育消费提质升级，打造文旅体融合的消费新场景，丰富体育消费新供给，加快建设国家体育消费示范城市。

成都自2022年12月以来，相继发布了《成都市"十四五"体育产业建圈强链发展规划和二〇三五年远景目标展望》《成都市支持体育产业高质量发展二十条政策》《成都市户外休闲运动总体规划》等系列文件，有效整合成都优质体育资源，加快推动成都体育产业高质量发展，为"办赛、营城、兴业、惠民"提供坚实保障。积极发展户外运动，推动自然资源向水上运动、山地户外、冰雪运动、低空运动、汽摩运动等开放，打造具有天府文化特色、公园城市特点、成都生活美学特征的休闲运动生活品牌，形成人与自然和谐共生的户外运动发展局面，加快建设中国户外休闲运动中心和国际体育旅游目的地城市。2022年12月初，国家体育总局体育文化发展中心公布了"2022中国体育旅游精品项目"入选名单，共有来自30个省区市推介的881个项目参选。最终，成都的环城生态公园"百公里一级绿道"骑行线路、成都马拉松等6个项目入选全国范围内推选出的202个中国体育旅游精品项目。

后大运时代，赛事辐射效应持续放大，接连不断的赛事激活了成都的运动基因，也让成都加快成为中国最具体育活力和体育人口最多的城市之一。成都通过"文旅＋赛事"的跨界融合，对大运会场馆进行改建，不断涌现出"消费业态"和"场景体育＋"。这些大型赛事修建的专业运动场馆，为市民提供了更多普惠健身场景，进一步吸引了市民走出家门、走进运动场。成都在总长1.69万千米的天府绿道中广泛植入了体育设施，城市的"金角银边"也被充分地运用起来，产生了新的体育消费场景，成为市民"家门口的运动空间"，如凤凰山体育公园看球赛，东安湖体育公园看演唱会，锦城绿道玩桨板、皮划艇，到锦江绿道三色路段陆地冲浪，到华熙LIVE·528来一场"体育＋科技"的多项目体验等，新鲜别致的体育消费新场景，在引领时尚健康生活方式的同时，不断推动体育运动更好融入群众的美好生活。据统计，2022年成都全市体育消费规模达到582亿元，人均体育消费支出超2700元。运动的活力激荡起了赛事经济的新蓝海，体育活力正在转变为经济动力的创新实践。可以说，成都运动消费成为时尚离不开体育消费新场景的打造。

成都将重点打造新的消费体验，以体育消费新场景为基础，融合天府绿道、城市公园、潮玩商圈以及大运会新建的体育设施。总计将评选出100个涵盖体育场馆、社区邻里、户外营地、城市公园、旅游景区、美丽乡村、商业中心、工厂文创8大类别的体育消费示范场景。例如，户外营地型体育消费示范场景，打造了各类露营营地、低空飞行营地、汽摩运动营地，不仅有颜值，更具有文化感和仪式感；商业中心型体育消费示范场景，以体育商业服务为核心，有效组合文化、旅游、休闲、娱乐、商业等功能，通过运动竞技、社交互动、智能体验、数字艺术等项目，创新性开

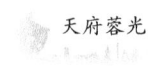

发了社交新玩法。成都还通过发放体育消费券，撬动市场活力，让更多城市居民感受到公园城市富有生态底色和烟火气息的运动氛围。

自2017年举办以来，成都马拉松逐渐发展成为一项在国内外颇有声誉的赛事。2023年的成都马拉松则是成都继大运会后又一场重量级国际性体育赛事活动。从跑马到旅游，从风景到人文，成都马拉松正在成为一张新的城市赛事名片，带来了可观的消费潜力。成都马拉松不仅是一场体育赛事，更是一次在"成都的街头走一走"的旅行，贯穿主城区多个地标性人文建筑（如金沙遗址博物馆、天府熊猫塔、望江楼公园、四川大学等），城市文脉一线相承，参赛者在享受奔跑过程的同时，实地感受这座历史文化名城深厚的文化底蕴和人文韵味、时尚活力。领略城市风情，"打卡"城市经典地标和热门景区，品尝当地特色美食，以及结合赛事特点推出的促消费活动等都是城市文旅激活消费新业态的好方式。成都马拉松赛事期间，参赛选手可以免费参观成都大熊猫繁育研究基地和金沙遗址博物馆等五大博物馆。

如今的成都，春季有山地户外运动、夏季跑步游泳、秋季可以感受马术的优雅、冬季打卡谷爱凌同款滑雪场。成都人运动消费热力足，城市运动消费场景业态丰富新颖。据统计2022年成都全市体育消费规模达到582亿元，人均体育消费支出超2700元，体育作为城市肌理的细胞单元在释放消费潜力中扮演着越发重要的角色。2022年末，成都蓉城队的中超主场收官战在凤凰山体育公园举行，连续三场共8万多人的上座率，让不少人感慨成都的"金牌球市"回归了！一大波"办赛潮"向成都涌来。仅在2023年，成都就举办国际、国内体育赛事近40项。成都人在家门口就能与顶级大赛亲密接触。以冰雪体育消费为例，2022年4月25日，成都印发《关于加快推动冰雪运动旅游产业发展的实施意见》，加快形成"政府引导发展、市场配置资源、社会广泛参与、产业创新融合"的发展格局。

三、"时兴社交"夜间消费新业态

《岁华纪丽谱》记载："成都游赏之盛，甲于西蜀，盖地大物繁，而俗好娱乐。"而乡村中"合筵社会，昼夜相接"，作为千年古都，经济的繁盛、饮食文化的发达与游赏之风的盛行使得成都一直以来都有着"不夜城"的雅称，且成都正加快推动"三城三都"建设，为夜游经济快速发展注入了新的动力。

夜晚的街头，一碗热气腾腾的冒菜，咻啦咻啦冒着泡的啤酒，再来一把撒着葱花儿的烤串儿，两个麻辣鲜香的兔头，三两好友聚在一起冲壳子，属于成都这座"不夜城"的夜生活才刚刚拉开帷幕，这是烟火成都里的幸福美好生活。当然，成都的夜间经济绝不仅限于啤酒＋烧烤的简单组合，作为拥有悠久历史文化底蕴的锦官城，烟火气以外，更有着满满的文化气息和品位。成都全力打造首店经济、夜间经济、总部经济、文旅消费，培育创建多个具有示范意义和天府特色的夜间消费场景，全力打造国际消费目的地，为夜游赋予了天府文化内涵，让文化、旅游与商业有机融合，打造夜间经济消费场景，更多的行业业态及消费场景向夜间延伸，随着融合了艺术、文创、文博、赛事等新兴消费业态的出现，以及更具"国际范、蜀都味"的多元消费新场景的营造，人们对健康生活、沉浸体验、潮流文化等消费的新需求得到了满足，成都"不夜城"被彻底点燃，夜间经济已经成为刺激成都经济增长的新动能。

夜间经济，作为现代城市业态之一，是都市经济的重要组成部分。它不仅彰显了城市的特色与活力，更是满足人们日益增长的美好生活需要的新方式。一个城市的夜间经济如果蓬勃发展，那么这通常意味着该城市具有高度的经济开放度、便利度和活跃度。这样的城市不仅能更好地满足人民日益增长的美好生活需要，还能有效地促进消费、扩大内需、繁荣市场、创造就业机会，从而为经济的持续稳定发展提供有力支撑。成都在2019年发布了《关于发展全市夜间经济促进消费升级的实施意见》，提出要打造夜间旅游景区、夜间视听剧苑、夜间亲子乐园、夜间风情街区等，通过发展夜间经济来推动消费场景持续更新迭代。

成都文商旅体载体充足，有利于夜游经济塑造场景空间。青城山、青羊宫、金沙遗址、武侯祠、杜甫草堂和大熊猫基地等文化旅游景点，为游客提供了丰富的历史文化体验。春熙路商圈、交子商圈以及 60 条特色街区和 100 个夜间经济示范点位等商业载体，则为游客提供了购物、餐饮和娱乐等多种消费选择。在这些文旅载体的支撑下，夜游经济得以蓬勃发展。游客可以在夜晚漫步于青城山的古道，感受曲径通幽的静谧；驻足于都江堰南桥，欣赏浩浩荡荡的江水；参观青羊宫，感受道教文化的韵味；探访金沙遗址，了解古代文明的辉煌；游览武侯祠，领略三国文化的风采；走进杜甫草堂，体会诗人的忧国忧民之情；参观大熊猫基地，亲近国宝级动物。此外，游客还可以在春熙路商圈享受购物的乐趣，品味地道的四川美食；在交子商圈感受成都的繁华与活力；在特色街区中寻找独特的文创产品和地方特产；在夜间经济示范点位体验丰富多彩的夜生活，如酒吧、咖啡馆、夜市等。总之，成都市凭借其丰富的文旅资源和繁荣的商业氛围，为夜游经济营造出了功能多样的场景空间。

生猛热辣的江湖气和市井烟火味，这是成都夜市的独特之处，吸引着五湖四海的游客前来体验。以三色路夜市为代表的各类潮流夜市层出不穷，为市民和游客提供了丰富消费选择的同时，也推动了成都经济的持续增长。三色路夜市还制定了相关摆摊规范，避免出现油烟噪声污染、乱扔垃圾等问题，并增加了巡逻员维持秩序，专门安排保洁员及时清运垃圾。夜间消费越发迎合人们的文化需求，加强文化场景营造与文化产品供给。以"夜游锦江""夜耍巴士"等为代表的文旅融合项目，将成都的历史文化与夜间经济消费场景完美结合，提供了独特的夜间消费体验。这些新业态不仅仅局限于传统的吃喝玩乐，还包括 24 小时书店、健身房、夜间自习室、艺术夜市等，为成都人提供了更加丰富多彩的夜间生活方式。

位于成华区的望平街，是充满历史韵味和现代气息的街道，深藏在城市繁华之中的独特角落。除了各式美食，望平街还有着独一无二的文化氛围。经过城市更新，长度 600 米左右的望平滨河路汇聚了大大小小 100 多家店铺。其中既有深受当下年轻人喜爱的网红火锅店、西餐馆、咖啡厅等餐饮业态，也吸引了梅花剧社、"成都十二月市"主题市集等多元业态入驻。这里保存了成都市最完整的民国时期的建筑群，街上的建筑风格简单古朴，不仅有浓厚的历史沉淀，更有现代都市的繁华与活力，在品尝着美食的同时观看文艺演出，这是属于成都人的惬意和安逸。

都说"人间烟火气，最抚凡人心"，作为成都四大夜市之一的抚琴夜市充满浓浓的烟火气，而这不仅是热闹夜市的人潮涌动，也是柴米油盐的家常生活，更是不疾不徐、张弛有度的生活态度。抚琴之名来源至今已无据可考，大概率是因着汉代文豪司马相如抚琴之处的缘故，抚琴就是因其境内有"抚琴台"而得名。千年文脉传承，绵远厚重的城市文化，因为这一条条老街道、一座座名胜古迹和不变的生活记忆而不断延续。夜市、面街、三十年的遛鸟杏园和露天坝坝茶馆，都是成都人自在闲适生活的真实写照。

三色路、望平街、抚琴路、铁像寺水街、麓湖岛等，全新的消费场景，叠加多元化的商业业态，将激活昼夜经济，提升街区持续活力，成都这座历史文化古城正在蝶变新生，焕发出现代都市的宜居、时尚和勃勃生机。

2023年文化和旅游部产业发展司发布20个沉浸式文旅新业态示范案例，涵盖了沉浸式演艺、沉浸式夜游、沉浸式展览展示、沉浸式街区/主题娱乐四大领域，其中"夜游锦江"榜上有名。自唐代以来，锦江两岸的码头逐渐增多，酒肆林立，铺面毗连，"游江"逐渐成为成都人的传统要事。到了宋代，每年成都的"大游江""小游江"已经是全民参与的重要活动。今天的夜游锦江，以"锦江故事卷轴"为主线，在10千米的水上游线中将成都历史上的人、物、场景等徐徐展现，并在沿途的固定点位设置系列互动节目增强体验感。

成都聚焦旅游与体育、研学、社交、文化、美食、音乐六大主题板块，深挖在地文化底蕴，打造了锦江夜行徒步产品、锦江研学亲子产品、沉浸式水上社交产品、水上餐船和围炉煮茶等独具地域特色的文化场景新

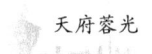

IP，具有很强的辨识度。到高新区蓓蕾社区、成华区杉板桥社区、金牛区西南街社区等社区院落品味幸福美好生活，到望平坊、枣子巷、玉林西路等街头巷尾体验市井烟火气息，到战旗村、五星村、洛带镇等乡村郊野领略诗意栖居风景，沉浸式感受成都文明之美，新的消费场景的打造，让消费更为多元、更具体验感，也带动了场景内其他领域的消费。

2021年，人民文旅研究院监测并分析全国各大文旅新场景相关数据，从知名度与美誉度两个维度整理出《文旅新场景热力指数榜单》，四川上榜五大新场景，其中成都就有三个场景：《熊猫专列》《街子古镇剧本杀》《成都偷心》。成都新经济发达，成都市民对休闲生活和富足精神状态的需求较高，对剧本杀接纳度很高，剧本杀的发展程度也较高，是国内较早开辟剧本杀业态的城市。拥有比较完善的作者资源和丰富的线下呈现模式，剧本杀行业发展呈现井喷式增长的态势。2023年2月，中国文化馆协会"沉浸式文化委员会"正式在成都成立，成都市文化馆正式成为中国文化馆协会"沉浸式文化委员会"的主任委员成员单位，这意味着其将在整个文化馆行业探索创新沉浸式文化活动发挥引领和示范作用。

近年来成都积极探索"剧本杀＋"的新业态，让参与者的体验空间从某个特定的场馆向外延伸，在创新剧本娱乐玩法的同时，联动了本地的文旅资源，实现了"剧本杀＋文旅"的新业态。成都街子古镇打造了"文旅武侠小镇大型互动沉浸式娱乐"项目，用4万平方米超大面积实景还原明末清初武林小镇风貌，玩家可以在成都街子古镇体验两天一夜的古风实景换装剧本杀。"107仓库"坐落于成华区建设北路，曾经是成都规模最大的仓储库房之一，并在2019年入选成都第十五批历史建筑保护名录，也被打造成上千平方米的沉浸式剧本杀体验店。

剧本杀赋能成都城市文化建设，成都将天府文化和剧本杀与旅游融合，打造了全新剧本杀和沉浸式剧游的融合产品《望江犹记锦官城》，通过沉浸式剧游把游戏任务融入锦江在地文化，打造"锦江游船＋汉服体验＋沉浸式剧场"三位一体的游览体验。采取"游船载体＋媒体装置＋戏剧场景＋建筑群体"的方式，结合千年来成都的市井烟火，创新天府文化再现景观，利用数字光影技术在建筑立面、堤岸、跌水景观呈现多维空间场景秀，复原出东门码头曾经的繁华景象，为游客带来沉浸式夜游文化体验，被誉为"藏在城市里的一首诗"。随着剧本杀等沉浸式业态的走红，传统的戏剧也针对成都特色进行本土化改编，融入了时下热梗、方言等，做到老少皆宜。成都开心麻花推出的互动戏剧备受欢迎，《捞金晚宴》邀请观众扮演角色，与剧情同频共振。观众可现场享用沙拉、烤鸡、春卷等，边吃边笑，演出结束时仍意犹未尽。

成都乐观包容、爱玩会玩的城市性格对新的夜间消费产业的包容度极高，而成都对休闲安逸生活的追求与张弛有度生活方式的推崇都提供了夜间经济繁荣的土壤，丰富的文旅消费场景和创新幸福生活产品，让烟火成都的万千气象更加可观可感。在成都街头走一走，能够切身感受这座城市传承千年的幸福与安逸，领略现代成都的"万千气象"。

第四节　打造"烟火成都"特色餐饮新业态

成都，作为首个被联合国教科文组织授予"美食之都"称号的亚洲城市，美食一直以来都是天府文化中的重要元素，《隋书·地理志》载蜀人"性嗜口腹"，在这座城市诞生了中国最早的酿酒工厂、茶文化中心以及第一个菜系产业基地和第一个菜系博物馆。火锅、串串、钵钵鸡、冷淡杯、担担面、钟水饺、龙抄手、夫妻肺片、蛋烘糕、三大炮、糖油果子、双流老妈兔头、老妈蹄花儿，每一样都是老成都人记忆里不可或缺的存在，是独属于成都的符号和印记，正是这些街坊里巷中的美食，氤氲出成都市井满满的烟火气。

近年来，成都致力于打造国际美食之都，加快培育特色美食体验新场景，推动美食与演艺、戏剧、赛事、博物馆等领域的跨界融合，促进创意

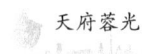

化、个性化餐饮体验业态的发展。

一、新中式文化下的新式茶饮

俗语讲："四川茶馆甲天下，成都茶馆甲四川。"成都人喜欢喝茶，茶市兴隆。成都是四川各地的茶叶集散地，市场上可见的茶叶种类主要有蒙山茶、峨眉茶、青城茶、夔门春茶等。成都茶市享誉四海，又是川茶贸易的起点，川藏茶马贸易的一极。

在成都茶馆喝的是盖碗茶，盖碗包括茶盖、茶碗、茶船子三部分，又称"三才碗"。所谓"三才"即天、地、人。茶盖在上谓之天，茶托在下谓之地，茶碗居中是为人，暗含"天地人和"之意。

在成都，茶馆是除家之外最重要的生活社交空间。每天光顾茶馆是成都人的日常生活方式，见朋友、找工作、谈生意、买开水，民间谚语说道："茶馆是个小成都，成都是个大茶馆。"成都人还有一个特点，就是"吃闲茶"。在茶馆中总能听到一片凌乱的呼唤声，那是为朋友或熟人付茶钱时向茶馆伙计打招呼的声音，称为"喊茶钱"，喊茶钱的人越多，表明此人越有面子。

成都人"俗好娱乐"，自古以来有着安逸闲适之风。尤其是饮茶传统，自古有之，有着"一市居民半茶客"的谚语，随之也带来了茶馆这一休闲消遣场所的繁盛。元代费著《岁华记丽谱》载，成都有"茶房食肆"，人们喝茶时，有歌伎演唱"茶词"。很多文学作品中有着成都茶馆的记载，例如李劼人的《大波》、沙汀的《在其香居茶馆里》。清末傅崇矩《成都通览》记载了当时成都茶馆的兴盛之貌："省城共计四百五十四家。"茶馆遍布大街小巷，喝茶、看戏、冲壳子，再感受一下非遗技艺——采耳，熙熙攘攘好不热闹，偷得浮生半日闲，充满着别样的市井烟火气。据《成都通览》载，"成都人故好观剧"，在大型茶馆茶园里常常搭有戏台，常演剧目多达三百六十出，名色繁复。近代冯家吉的《锦城竹枝词》描绘了茶园看戏的热闹场景："梨园全部隶茶园，戏目天天列市垣。卖座价钱分几等，女宾到处最销魂。"诗人何其芳的《从成都到延安》记载了在成都的见闻："那是成都最热闹的大街春熙路上的一家古怪的营业场所，里面有着戏院、茶馆、理发店和澡堂。"

新中式茶饮行业近年来在中国的快速崛起，成为一个极具潜力的市场，新的消费场景、新的消费体验、新的消费刺激，都带来了新中式茶饮行业的更新，长沙的茶颜悦色、遍地开花的霸王茶姬都带来了传统奶茶行业的变革。而成都源远流长的茶饮文化让成都人对新中式茶饮的接受程度很高。

作为我国最早种茶、饮茶的地区之一，成都拥有"碧潭飘雪""蒲江雀舌"等多种茶品。而随着国潮的流行，中国传统的茶文化被注入潮流DNA，一种年轻化的茶饮新方式融入了成都年轻人的城市生活中。成都足够基数的年轻人为新业态的产生和发展提供了试验的沃土，也为成都多元的产业奠定了基础。在成都，无论是在中心商圈还是在大街小巷，随处可见大大小小的咖啡馆和茶饮店。成都新茶饮门店在6000家以上，位居全国第四。

近年来，独具特色的新式茶馆逐渐兴起，围炉煮茶、围炉冰茶等别具一格的茶馆社交活动成为本地消费的新亮点。新消费趋势也在带动本地就业，如新型茶艺师等职业需求猛增，不少年轻人也投身其中，创新产品和服务。据公开数据，2021年以来四川全省正式注册的茶馆约5万余家，从业者上百万人，数量为全国之最。美团数据显示，今年以来，围炉冰茶、围炉煮茶等新式茶馆商家数同比增长132%，相关团购订单量同比增长319%。

2022年冬，围炉煮茶火爆全网，三五好友围坐烤炉旁，一边煮着茶，一边煨着红薯、橘子、板栗、花生等，听着炉子里噼里啪啦的坚果爆开声，随意地摆着龙门阵，如此惬意。再吟诗一首"晚来天欲雪，能饮一杯无"。成都的围炉煮茶，煮的不仅是茶，还是生活的仪式感，更是生活松弛感。"围炉煮茶"这一新兴吃茶方式，也掀起一股冬季消费新风潮。成

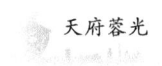

都这座"泡在茶汤里的城市",冬日消费新方式不仅存在于茶铺和各类新中式茶馆,也出现在一些咖啡馆、音乐餐吧的产品列表上。继春夏季的露营、飞盘等"网红"项目后,一种新"出圈"的潮流生活方式产生了。且将新火试新茶,诗酒趁年华。"围炉煮茶",其充满仪式感和互动感的体验过程,尤其受到年轻一代青睐,不仅满足了他们的消费需求,更提供了一种社交新场景。慢生活,慢社交。从KTV到剧本杀,从酒吧到露营,年轻人的社交方式在不停迭代,围炉煮茶的"土气"恰好在快节奏的工作后让人慢下来,慵懒、松弛、慢生活,这是年轻人对它的期待,围炉煮茶闻暖香,且喜人间好时节。

新式茶饮的流行,并不仅仅是因为其独特的口感和外观,更是因为其背后所代表的新中式文化。新中式文化强调的是对传统的尊重和传承,同时又具有强烈的现代感和创新性。这种文化现象反映在人们的日常生活中,如对新式茶饮的热爱和追求。新中式文化下的新式茶饮,是一种文化的传承和创新,是一种生活的态度和方式。它既体现了对传统的尊重和传承,又具有强烈的现代感和创新性。这种新型的茶饮文化,正在成为全球范围内的一种新的生活方式和文化现象。总的来说,新中式文化下的新式茶饮是一种融合了传统与现代的新型文化现象。它以其背后的文化内涵和精神价值赢得了人们的喜爱。这种新型的茶饮文化不仅丰富了我们的生活,也让年轻人对中国的传统文化有了更深的理解和认识。

二、鲜活热辣的火锅串串

《华阳国志》记载,蜀人"尚滋味""好辛香"。明清以来,蜀人核心成都仍是有"肴馔之精甲通省"之称。美食是成都这座城市最闪亮的名片。自剑门入蜀,宦游巴蜀长达8年之久的陆游对成都怀有很深的感情,视之为第二故乡,在成都到访游览过武侯祠、西楼、万里桥、浣花溪等很多地方,在离蜀多年后的一个寒冬深夜,和友人聊起巴蜀盛行的食材与菜肴之美妙,随即写下了"东来坐阅七寒暑,未尝举箸忘吾蜀"(《冬夜与溥庵主说川食戏作》），他对成都美食念念不忘，魂牵梦萦，"新津韭黄天下无，色如鹅黄三尺余；东门彘肉更奇绝，肥美不减胡羊酥"（《蔬食戏书》），"南市沽浊醪，浮蛆甘不坏。东门买彘骨，醯酱点橙薤。蒸鸡最知名，美不数鱼蟹。轮囷犀浦芋，磊落新都菜"（《饭罢戏作》）。"蜀酒浓无敌，江鱼美可求"（《戏题寄上汉中王三首》），杜甫对成都的美酒美食也是高度赞赏。

成都是具有广泛社会参与的美食节庆之城，各种官方和民间的美食活动，遍布成都的市区和郊县，不同规模的美食节庆，从每年正月初一延续到年末。自2004年起举办的"中国成都国际美食旅游节"，汇集了几十个国家和地区的美食，成为成都会展品牌和"美食之都"的城市名片。美食已经成为生活在这座城市的人们生活中至关重要的一部分，也是越来越多外地人不远万里奔赴成都的重要理由之一。

早在2010年联合国教科文组织就授予了成都"美食之都"的称号，成都成为亚洲首个世界"美食之都"。2016年成都市出台《关于进一步加快成都市川菜产业发展的实施意见》，率先提出打造"全球川菜四大中心"的发展蓝图。作为川菜的发源地，川菜烹饪技艺在2021年入选了第五批国家级非物质文化遗产代表性项目名录。

成都的火锅从街头深巷到树梢木屋，从湖边水岸到水中船坞，不仅有市井烟火味，更是逐渐追求"美食＋场景"的创新与消费氛围感的营造，讲究的是沉浸式美食消费场景。夜幕降临之际，烟水之间音乐袅袅，湖光粼粼，别有一番风味。成都人将火锅作出了花样，牛杂火锅、海鲜火锅、美蛙鱼头火锅、鸭肠火锅、鸭血火锅、豆花火锅、兔肉火锅，别出心裁，花样百出。火锅电影院、KTV火锅、露营火锅，各种新式火锅消费场景出现在成都市民的生活中。

有一句话广为流传："没有啥是吃火锅解决不了的，如果有，那就两顿！"作为成都的传统美食，火锅早已成为这座城市的象征与名片。成都火锅历史悠久，源远流长，最早的记载是在左思的《蜀都赋》中，距今已有 1700 多年的历史。成都火锅以香辣为主,香味是不可缺少的一部分,这一点与重庆火锅有些许不同,同样是辣味火锅,重庆火锅重油、重辣,在香料上并没有那么执着,因此,鲜香麻辣是成都火锅不同于重庆火锅的地方。至于成都火锅和重庆火锅谁更胜一筹,"有啥子大不了的嘛",川渝一家亲,巴蜀不分家。蜀九香、老码头、大宅门、大龙燚、小龙坎、川西坝子火锅,成都的火锅品牌数不胜数,外地游客总爱整个成都火锅排行榜,但你要问成都本地人,哪家火锅最好吃?一千个读者心中有一千个哈姆雷特,一千个吃货心中有一千家最爱。不过最好吃的,往往是隐藏在窄窄的老巷中的小店,籍籍无名,全靠附近居民口口相传,是美食圈中的扫地僧。

串串香是成都夜生活的一大特色,各种蔬菜、肉类和海鲜串在竹签上,再在沸水或油锅中烹煮。20 世纪 80 年代,一些城镇待业人员在繁华热闹的商场、剧院旁开起了"串串香"摊,那时的串串香很简单,将串好的食材放到热气沸腾的锅中煮,煮好后就可以拿着串串边走边吃了。随着时间的推移,成都串串的品牌越来越多,竞争越来越激烈,店铺的装修越来越精致时尚。成都的串串香味道独特,作为火锅的另一种形式,其在成都有着独有的江湖地位,往往又被称为"小火锅"。最初的串串香,锅底和菜品都很简单,发展到如今几乎是无所不涮。如果说火锅是一群人的冒菜,冒菜是一个人的火锅,一群人吃火锅热闹,一个人吃冒菜惬意,那么串串香绝对是关系亲近的人之间的轻松时刻。吃串串,一个人太少,三两好友最合适,率性而来,随意而点,从取菜这一环节也可以看出彼此之间的默契。成都以火锅闻名,但串串香这种草根食物,没有那么"讲究",更接地气、更包容、更江湖、更市井,也千变万化,没有正襟危坐,不必推杯换盏。一天的忙碌和焦虑,在一根根细签里冲淡释然,在热气腾腾中烟消云散。手提式麻辣烫、称盘麻辣烫、冷锅串串、钵钵鸡、油炸串串,成都串串香在成都好吃嘴的巧思妙手下翻出各种新花样。

"走到玉林路的尽头,坐在小酒馆的门口",歌手赵雷一曲《成都》,

让玉林路陡然成了网红。这里除了有玉林小酒馆，还有成都串串界的鼻祖之一——玉林串串。玉林路，在文艺青年眼中玉林是小酒馆，在成都吃货眼中玉林是火锅、冒菜、烧烤、冷锅鱼、钵钵鸡、烤兔，当然最具代表性的当属老字号玉林串串香，在20世纪90年代和21世纪初期的成都，曾经火爆一时、门庭若市，成了一代成都人的美食记忆。

成都的串串店在万家争雄的棋盘上浮沉，以六婆干辣椒面为代表的干辣椒面蘸碟申请了品牌专利，从最初的玉林串串、袁记串串、周记串串、康二姐串串，到后来满大街的厕所串串、钢管厂小郡肝串串、马路边串串，各位老板开始在用餐场景的营造、菜品的研发和饮品、甜品的搭配上穷尽心思。一把串串，是成都人慢生活的写真，涮出了成都市井里独有的从容乐观和江湖洒脱。一句"老板儿，数签签儿"背后是暂时放下内耗，与生活和解的声音。

到成都的街头走走看看，感受市井生活的烟火气、悠闲自在的慢生活；感知源远流长的古蜀文化、底蕴深厚的文化气息；欣赏千姿百态的自然风光、品味火辣鲜香的特色美食，在成都的街头走一走，在热气腾腾的美食里体验中国式现代化的万千气象。

三、街坊里巷的"慢生活"

《隋书·地理志》蜀中城镇"士多自闲，聚会宴饮，尤足意钱之戏""家多宴乐"，历史上的成都没有遭遇大的动荡和毁城之灾，文化历史积淀深厚，物质生活富庶，成都的慢生活慢节奏与其自古以来的游赏之风密不可分。古人早就有"蜀风尚侈，好遨游""游乐无时"之称。宋代雅号"红杏尚书"的宋祁酷爱游乐，在被皇帝派往成都任太守时，宰相以会助长蜀人的游乐之风而反对："益俗奢侈，宋喜游宴，恐非所宜"，写了一本极有历史价值的《益部方物略记》。在游乐时最爱当然是博戏了，早在《隋书·地理志》就记载蜀人"士多自闲""尤足噫钱之戏"，这种噫钱之戏就是当时的一种休闲博戏，也称摊钱。后来麻将牌兴起以后，蜀人更是

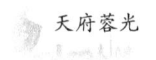

将麻将文化发扬光大，《成都通览》中称成都妇女的80%都喜欢"斗麻雀"，民国时黄炎培则称成都人经常是"四个人腰无半文将麻将编"。至今，以成都为核心的蜀地的麻将普及率可能全中国、全世界第一。

俗语言，少不入蜀，老不出川。成都一直以来都被视作安逸宜居之地，这座拥有几千年历史文化底蕴的名城崇尚着"慢"文化。生活在这里的人们好耍，喜安逸，仲夏之夜河边饮杯冷淡杯、秋冬暖阳坝子上啜碗盖碗茶，"蜀人从来好事，不肯负时光"，成都是繁华与安详、进取与休闲、传统与前沿、市井与优雅、慢生活与快节奏和谐共生的城市。成都人民的生活中满是人情味和趣味，这是这座城市的人所具有的独特美学，也是早已渗透到骨子里的生活哲学。

成都生活闲适还体现在对茶馆的钟爱，清代成都就有"茶社无街无之"之称，民国时有的茶馆就可以容千人同饮，很多人从早到晚都泡在茶馆内，穷得无钱喝茶者还可以喝别人喝剩下的茶，美名曰"喝加班茶"。据说民国时，成都的一些政府衙门、银行、商铺里面就专门安有麻将桌，风气一直相沿。至今，茶馆仍是成都最普遍的社交场所，而茶馆往往将麻将地主的娱乐混为一体，让人分不清哪是茶馆，哪是棋牌馆，更让外人分不出哪是工作，哪是休闲了。其实，今天成都人休闲的最大特征就是大众化，开春后的龙泉桃花节，几乎成了成都人的桃花麻将会。四人小轿车、豆花回锅肉、血战到底至今仍是成都人休闲的常态。

在快节奏的现代大都市生活中放慢脚步享受人生的，是一种云淡风轻的生活情趣，优雅而不慵懒，生活悠闲而不拘束，如此造就了成都人潇洒不羁的个性和喜新猎奇的生活态度，在岁月中沉淀下来，凝结于市井里巷，融汇入民生百业，浸濡在美食香茗，成为城市文化传承的活态基因，也逐渐形成了别具特色的城市韵味。

"锦城满目是烟花，处处红楼卖酒家"，历史上身处成都的文人辗转流离，最后在成都闲适安逸的慢生活中寻找到了灵魂与身体的片刻歇息之所，度过了一段诗书画乐游的快意人生，而这也筑就了成都优雅闲适的

"慢"。常言"人间烟火气,最抚凡人心""人间有味是清欢",人们向往成都,很大程度上也缘于此。街头随处可见的咖啡馆、茶馆、小酒吧、书店等各类文化休闲设施为不同群体消费者提供了多样的选择,寻求身体和心理的栖息之所,这也丰富发展了慢生活新的内涵。

人民公园鹤鸣茶社。如果说最能代表成都"安逸"生活的,可能要算盖碗茶了吧。老茶馆里的生活,一个字"慢",两个字"休闲",三个字"慌啥子"。具有百年历史的鹤鸣茶社是体验成都茶文化最有名的场所,"四大皆空坐片刻不分你我,两头是路吃一盏各走东西",这副茶社里的烫金对联是对当下成都饮茶人心理的真实写照。在这里可以体验到老成都的盖碗茶,看到地道的成都茶文化。阳光灿烂的午后,找一个茶座,泡一杯盖碗茶,看一把掺茶绝技,再体验一下世界非物质文化遗产"成都采耳",听着天南地北的冲壳子,品味着这座城市的前世今生,不由得感慨"这才是生活嘛"。

成都能满足人们对慢生活的向往。成都的慢生活,在杜甫草堂的清幽中,在文殊院的稳重里,在人民公园的闲适间,也在抚琴夜市的烟火气中,是成都人特有的生活情怀,这里的节奏缓慢,人们享受着一杯盖碗茶、一把竹椅、一桌麻将的宁静时光。与老友相聚,品茶、看戏、吃火锅、尝串串,这就是成都的安逸生活,这就是成都的魅力所在。成都在坐拥悠久历史文化传统的同时又身处潮流前沿,将都市快节奏和市井烟火气平衡得恰到好处,在"快"与"慢"之间切换自如。市井烟火气,往深里说,其实就是人世间最朴素的温暖。成都的市井,藏在小巷里,住在茶馆里,融在味蕾里,在原汁原味的街坊里巷中品味市井烟火。

第六章

讲好故事：成就梦想与"来了就不想走"

城市是人类文明的重要载体，也是孕育地域文化的深厚土壤。一座城市独特的自然地理风貌、经济社会发展、民风民俗及生活方式等共同组成了丰富而蕴藉的城市文化。于城市而言，文化不仅是根脉，更是其魅力之关键，其形象之源泉，其品牌之内核。随着经济社会的不断发展，文化已不仅仅是资源，而是逐渐转变成为一种动力源，组织并赋能各项城市活动，不断激发着全社会各领域的活力和创造力，日益显著地发挥着推动城市经济社会高质量发展的引擎作用，成为决定城市竞争力的核心软实力。成都作为我国首批历史文化名城，有着丰富的历史文化遗产和极具特色的城市风貌，在城市文化建设中也呈现出自己独特的气质和魅力。2017年12月，中共成都市委十三届二次全会首次提出"三城三都"的城市发展理念，将其作为成都建设世界文化名城的重要抓手。随后，成都持续发力，各类文创IP不断被挖掘打造，大批重点文创项目签约落户成都，通过文创、旅游、体育、美食、音乐、会展呈现出一个烟火成都，体现成都独具魅力的生活特质。大运会的成功举办更使得成都这座有着深厚文化底蕴的城市增添了现代体育精神的文化内涵，通过向世界展示和传播成都的历史文化，扩大了成都在世界的影响力，使体育赛事和成都文化建设更好地融合在一起并相互影响。正是这些跨越了国界与语言的文化交融唤起了更广范围、更深层次的共鸣，成为成都作为生活城市的魅力和价值所在，让成都在通往世界文化名城的道路上，始终一往无前，加速前行。

作为国内在城市品牌塑造与国际形象传播领域起步最早的城市之一，成都坚持以文化为引领、以旅游为支撑、以产业为动力、以形象为标识、以服务为保障，全面提升城市的品牌价值和影响力，逐步搭建了展现成都发展愿景、传承天府文化魅力的城市形象传播格局。建设世界文化名城是成都未来发展的战略方向，这既是基于对现阶段国内外文化发展趋势和城市发展客观规律的把握认识，也是基于独有的深厚文化基础及丰富人文资源的文化自信，同时还是基于为中华文化繁荣主动担当的使命自觉。为了能更好地通过传播塑造城市形象，并在塑造中持续提升城市品质，推动城市高质量发展，提升城市文化软实力，实现"文化之城""文化立城"的宏伟图景，成都更应当积极作为，以天府文化的创造性转化与创新性发展，赋能经济、催生科技、美化社会、丰富生态，以文化推动城市发展，用文化讲好"成都故事"，将文化凝聚成为过去、现在、未来成都建设世界文化名城和实现城市永续发展的不竭动力。

第一节　成都提升国际传播能力的必要性与作用

国际传播是指在民族、国家或者其他国际行为主体之间进行的、由政治所规定的、跨文化的信息交流与沟通。国际传播能力则是指国家或政党通过有组织、有目标地运用本国和他国媒体向全球公众传播信息，塑造其国家或政党形象，进而影响他国舆论并获得国际公众认同的能力。[1] 新中

---

[1] 高金萍：《习近平国际传播系列重要论述的核心要素及价值意蕴》，《现代传播》2023年第5期。

国成立至今，中国共产党一直十分关注中国的国际传播能力建设和提升问题，并将国际传播能力建设作为党执政能力建设的重要组成部分和保障性力量，通过运用国际传播手段来融入国际舆论大格局，形成中国自己的国际话语权，提升国家文化软实力。党的十八大以来，以习近平同志为核心的党中央高度重视国际传播工作，对增强国际话语权、加强国际传播能力建设、讲好中国故事、传播好中国声音、展示全面立体真实的中国作出了一系列重大部署。党的二十大报告进一步指出，"加强国际传播能力建设，全面提升国际传播效能，形成同我国综合国力和国际地位相匹配的国际话语权。深化文明交流互鉴，推动中华文化更好走向世界。"随着国际格局的深刻变革和我国硬实力的逐年提升，如何准确把握国际传播规律，增强我国的国际传播影响力和国际舆论引导力，是中国式现代化强国进程中亟待解决的重要课题。

城市作为国家形象与风貌呈现的重要名片，在区域交流、国际交往中承担着重要的渠道作用。长期以来，地方城市对外宣传的主要途径是依托中央媒体"借船出海"，但当前，国际社交媒体已成为国际舆论流通的重要场域，国际传播主体已不再局限于政府主流媒体和其他专业媒体，而是呈现出更加多元化的特征，传播范围也在逐步扩大。[①] 与国家媒体平台相比，地方拥有独一无二的本土资源，可以更好地展示、讲述本土特色文化、方言习俗、情感故事，展示特色地方文化符号。对于地方而言，城市的塑造与形象的传播都在经历新的转型与升级，城市形象不再局限于简单、重复的宣传与推广，而是从整个城市发展战略的高度对域内的优质资源进行整合与优化，利用国际传播手段讲好城市故事、塑造城市形象、发挥城市效应。因此，提升城市国际传播效能，加强城市国际传播能力建设可以更好地促进中国在国际话语场域中的地位，这也是为讲好中国故事，提升中国软实力贡献不可或缺的力量。

---

① 何仪：《地域性媒体平台如何发力国际传播——Chengdu Plus 传播策略分析》，《新闻前哨》2023 年第 13 期。

一、世界城市竞争的必然趋势

城市作为人类现代化文明彰显的重要场域，构成了公民话语沟通的实在场景，也使其自身成为国际形象建构形塑的重要内容，是城市文化软实力与综合硬实力的能效显现。从本质上看，城市其实就是一种文化，是人类改造世界的方法论。自古以来，城市就是人类举行原始利益活动的重要据点，所以从一开始城市就是超越了生存层面作为文化而存在的载体。对于世界城市概念的出现，最早可以溯源至德国诗人歌德，他在 18 世纪后叶提出 World City 的概念，并将罗马和巴黎称之为世界城市。到了 20 世纪，随着全球贸易和资本主义的扩张，世界城市的概念出现，开始具体指向那些在全球经济中具有重要地位的城市。1966 年，英国地理学家、规划师彼德·霍尔（Peter Hall）在其著作《世界城市》中对世界城市的概念进行了深入的研究和探讨，提出了衡量世界城市的七项指标。他把世界城市定义为："那些已对全世界或大多数国家发生全球性经济、政治、文化影响的国际第一流大城市。"世界城市作为一种特殊的城市类型，开始成为越来越多的学者所关注和研究的对象。1986 年，弗里德曼从新国际劳动分工的角度，把世界城市的特征概括成几个关键词：主要金融中心，跨国公司总部（包括地区性总部），国际化组织，商业服务部门的高速增长，重要的制造中心，主要交通枢纽和人口规模。发展至今普遍认为，世界城市是国际城市的高端形态，是城市国际化水平的高端标志，是指具有世界影响力、聚集世界高端企业总部和人才的城市，是国际活动召集地、国际会议之城、国际旅游目的地。

随着经济全球化、政治多极化、社会信息化及文化多元化的相互交织，推动着全球网络的加速形成，各种现代市场资源持续整合流通，世界已然成为一个资源聚集、联系紧密的巨大网络空间。在各类人流、物流、资本流、信息流的配置与流转过程中，国家、区域、城市之间开始进行资源要素的综合对比与配置组合，最终会不断建立和形成世界政治经济的新格局。从微观层面来理解，所有的格局都将以城市为载体，所有在资源要素流转中形成的结点将会根据等级高低、能量大小、联系紧密程度等要素集结成为一个多极化、多层次的世界城市网络体系。其中，对全球政治经济文化具有控制力和影响力的主要结点城市就是世界城市。随着城市之间的联系和互动越发频繁，竞争也日益激烈，世界城市的竞争趋势是多元化的，不仅包括经济、科技、人才等方面的竞争，还包括城市治理能力、可持续发展等方面的竞争。同时，伴随全球化的深入推进，世界城市之间的竞争将会更加激烈和复杂。

2024年2月国家统计局公布的《2023年国民经济和社会发展统计公报》显示，2023年我国经济总量126.06万亿元，同比增长5.2%，高于全球3%左右的预计增速。对于中国城市而言，伴随国家实力持续提升，国际话语影响力不断彰显，城市的发展水平也得到较大提升。《2022年度世界城市500强》报告显示，上海与香港成为前十中的两大中国世界城市，越来越多的国际公众愿意通过城市镜像来了解中国。当前中国的城市化已成为社会发展的重要引擎，是促进经济增长和结构变化的重要驱动力，城市群则是推进城市化的主体形态，如长三角城市群、京津冀城市群、成渝城市群等，这些城市群作为国家参与全球竞争与国际分工的全新地域单元，在引领和支撑中国经济高速增长上起主导性作用，把控着中国经济发展的命脉。虽然城镇体系在日益完善，但还是在一定程度上存在规模扩张过快、区域发展协调不足、发展层级化明显、传播能力尤其是国际传播能力提升不够等问题，制约着高质量发展的步伐。由于城市人口流动、交往的高密度，城市内部存在大规模的交互、交际、交融、交易、交换、交替，让城市与城市之间的传播存在连接的可能性，同时通过传播可以进一步推动城市做优做强，推动超大城市的国际化进程。所以，在城市与世界的关系中，以及"城市世界"在向"世界城市"的转变中，更需要的是一个具有影响力和竞争力的城市，这就体现出传播在城市发展中的重要性，也是世界城市竞争的必然趋势。在这一趋势当中，超大城市的国际传播能力建设作为与其身份相匹配的重要能力提升在新的媒介技术环境下极具学理意义和研究价值，以成都为代表的超大城市的国际传播能力建设更是具有巨大潜质。根据《中国城市海外影响力分析报告（2022）》，成都成为对外交往和传播领域中的领军城市。在新时代城市国际传播能力建设过程中，应在充分借鉴先进国际城市在形象塑造、媒介使用、内容表达、受众互动等方面实践经验的基础上，通过重视城市国际传播能力建设的理论与实践路径促进城市交流、扩大我国城市的话语传播范围，进而在打出城市知名度的同时，建立美誉度和信任度，为夯实产业发展、业态创新、人才流动等提供助力。

二、讲好中国故事的重要方面

传播工具的革命和移动互联网的普及重构了传统的传播格局，在众播时代下每个人都既是故事的阅读者也可以是故事的讲述者。2013年，习近平总书记在全国宣传思想工作会议上提倡"讲好中国故事"，"要精心做好对外宣传工作，创新对外宣传方式，着力打造融通中外的新概念新范畴新表述，讲好中国故事，传播好中国声音"[1]。党的二十大报告明确提出，"加快构建中国话语和中国叙事体系，讲好中国故事、传播好中国声音，展现可信、可爱、可敬的中国形象"。讲好中国故事其实就是在全球范围内，通过各种渠道和方式，向世界各国人民传播中国的文化和价值观，展示中国的发展历程和历史成就，提升中国的国际形象和国际影响力，以更好地促进中外交流和开放合作。讲好中国故事不仅是提升中国国际传播能力的重要方法论，对强化中国在国际社会的话语权、增强文化软实力也具有重大战略意义。因此，必须从创新外宣方式、提升传播效能的战术层面来理解讲好中国故事的内涵、要求及方式，充分把握好"讲什么中国故事""怎样讲好中国故事"等问题。一是"中国实践"是重要的故

---

[1] 《习近平著作选读》第一卷，人民出版社2023年版，第150页。

事内容支撑。之所以有"中国故事"的存在，是因为存在中国实践，这是基于中国发展的现实而形成的。中国故事来源于中国人民在不同历史阶段对现实生活的认知和对实践的探索，在文学艺术基础上加工并进行国际化表达的同时要保证内容真实可信，经得起推敲和检验，要真实反映客观的中国形象。在故事的内容选取上，也不仅仅局限于当下，而是汲取了中华民族上下五千年的文明，这当中包含着中国的理念、态度与情感，从某种程度上来说，讲中国故事并不只是讲道理，还有很多诉诸感情的共鸣。我们在讲述中国故事的同时其实就是在向全世界展示中国的形象和态度，是在对外传播的视角下进行从实践到文本的转化，将中国实践创作成能分享的文本，可以让全世界更好地了解中国文化。二是"世界性叙事"是讲故事的主要方式。讲故事从来都不只是单纯的文字重复，而是在一定的语境中进行价值表达和形象展示，所有故事创作的目的都是让受众更愿意听故事，更好地听懂故事，让故事变得鲜活起来。因此，在故事的讲述方式上还需要更多的技巧。所谓"世界性的叙事"其实就是指将中国故事放置在全世界的语境当中，要用国外受众乐于接受、易于理解的方式进行讲述，而不是自说自话，还要注重与当地受众的文化背景和语言习惯相契合，避免生硬刻板的表达方式，这样才能更好地提升国际传播的效果。同时要善用现代媒体技术和多元化的艺术形式，使故事更加具有吸引力和感染力。"世界性叙事"的方式还要求在讲述中国故事时要有国际化视野，将中国的发展历程和发展成就放在全球背景下进行比较和分析，注重与世界各国的交流和合作。当下，新媒体的发展为我国国际传播提供了更加畅通的渠道，丰富了故事的内容，更新了传播方式，也让传播主体更加多元多变。随着国际传播逐渐进入互联网赛道，以互联网平台为主的传播主体开始崛起，要想让中国故事在国际互联网的传播平台上实现良好的传播效果，必须着力提升国际传播能力，解决好中国故事与中国话语实践之间的"落差"，既包含了中国国际传播能力之间的落差，如"想讲"与"想听"之间的落差，"应讲"与"能讲"之间的落差，还包括传播方式与接受方式之间的落差，传播活动与传播效果之间的落差，以及政治经济国际话语权与文化价值观之间的落差。① 因此，必须主动融入国际传播格局，立足于互联网平台新空间，重点面向国际官方受众、国际民间受众包括国际公共组织受众在内的各类话语群体，解决好"我们想说的故事"与"国际社会想听的故事"之间存在的落差，重点突破中国国际传播能力建设中突出的问题，牢牢把握中国的国际舆论话语权。在这个过程中，城市作为中华文化涵养千年的代际载体，为讲好中国故事提供了一个完美的传播场域，其建筑区块、城市风格、历史脉络都构成了悠久灿烂文明的时代精髓，正是由于城市的差异性和独特性集合成了庞大的国家形象体系，构建出可信、可爱、可敬的中华文化形象。也正是因为各个城市间的特点、风格、个性不同所产生的多维形象，造就了讲好中国故事、传播好中国声音的特有腔调。

三、文化强国建设的成都样本

马克思、恩格斯在《德意志意识形态》中指出，"一切划时代的体系的真正的内容都是由于产生这些体系的那个时期的需要而形成起来的，所有这些体系都是以本国过去的整个发展为基础的"，这其实就是我国建设文化强国的本源参照。自改革开放以来，伴随经济社会的快速发展，物质生产力得到大力提升，传统文明和现代文明、中西方文明之间不断碰撞与交融，广大人民群众对美好生活期待和文化人权向往越来越强烈，需要树立崭新民族文化品格。建设文化强国，正是以建立这种文化品格为基石所统筹的建设体系。党的十九届五中全会审议通过《中共中央关于制定国民经济和社会发展第十四个五年规划和二〇三五年远景目标的建议》（以下简称《建议》），明确将建成社会主义文化强国确立为到2035年基本实现社会主义现代化的远景目标之一，吹响了推进社会主义文化强国建设的号角。在党的二十大报告中，习近平总书记着眼于全面建设社会主义现代化

---

① 陈先红、宋发枝：《"讲好中国故事"：国家立场、话语策略与传播战略》，《现代传播（中国传媒大学学报）》2020年第1期。

国家、推进中华民族伟大复兴的战略全局，就进一步推进文化自信自强，铸就社会主义文化新辉煌作出了系统的战略部署。进一步强调要"建设具有强大凝聚力和引领力的社会主义意识形态；广泛践行社会主义核心价值观；提高全社会文明程度；繁荣发展文化事业和文化产业；增强中华文明传播力影响力"，对坚持中国特色社会主义文化发展道路以全面建设社会主义现代化国家提出了更高的标准和期待。在国际传播的格局下进行文化强国建设，必须充分考虑我国在世界范围内的文化定位和我国文化建设发展实际，围绕中华民族的伟大复兴，推进文化强国建设服务于我国发展、服务于构建人类命运共同体、服务于人类文明发展，需要结合中国国情中的马克思主义原理转化实践成果，构建中国特色社会主义文化强国体系。

在中央的引领下，四川省在"十四五"期间提出了建设文化强省的目标并制定了一系列规划措施。全省文化及相关产业增加值 GDP 比重超过 5%，成为国民经济重要支柱性产业。为深入贯彻落实习近平总书记关于加强和改进国际传播工作的重要讲话精神，讲好中国故事，传播好中国声音，展示真实、立体、全面的中国，我省将"建设四川国际传播中心"写入四川省"十四五"规划，下大气力加强国际传播能力建设。作为省会城市的成都更是积极发力，充分发挥引领带动作用。成都地处西南腹地，是古蜀文明重要发祥地，有着4500多年文明史和2300多年的建城史。作为中国城址未变、城名未改、延续至今历史最悠久的城市之一，拥有着深厚的文化底蕴，在源远流长的中华文明发展史中占有独特且不可或缺的位置。成都独特的文化演进历程，既传承着灿烂辉煌、弦歌不辍的巴蜀文脉，又书写出丰富多彩、独具魅力的天府文化。天府文化根植于中华文化、涵育于巴蜀文明，与城市同成长共发展，滋养出"水旱从人，不知饥馑"的天府之国，形成了"至今巴蜀好文雅"的天府文脉。成都不仅仅是几千年传统文化的继承者，更肩负着创新发展优秀文化的时代责任，不仅仅是被动的、无意识的承载传统的"客体"，更是重新评价传统文化、开创新文化的"主体"。基于此，成都必须站在历史和时代的方位，以远大的文化抱负、宽阔的文化境界进行文化自省，让天府文化在新时代花繁果硕、惠及后人。成都市第十四次党代会提出，要坚持中国特色社会主义文化发展道路，自觉用中华优秀传统文化、革命文化、社会主义先进文化培根铸魂、润城化人，努力打造彰显中华文明魅力、天府文化特色的世界文化名城。建设世界文化名城，传承弘扬天府文化既是成都在新的历史起点上文化建设的再出发，也是坚持中国特色社会主义文化自信，推动社会主义文化繁荣兴盛，建设社会主义文化强国在成都的生动实践。按照市委"弘扬中华文明，发展天府文化，加快建设世界文化名城"的重大部署，及《关于弘扬中华文明推动天府文化走出去工作的实施方案》的工作安排，成都坚持国家站位、全球视野，用天府文化引领城市发展，塑造城市特色，并积极推动天府文化走出去，让世界认识当代的成都、看好未来的成都，提高城市文化软实力和天府文化影响力。在新形势下，成都越来越意识到国际传播工作的重要意义和重要使命责任，开始大力实施对外传播工程，全面提升国际传播能力和水平，积极面向海外讲好成都故事、传播好成都声音，为推动文化强国建设作出积极贡献，为世界城市发展提供成都样本。

第二节　成都建设世界文化名城的国际传播现状

文化，是一座城市的独特印记，更是一座城市的根与魂。成都作为拥有悠久历史和丰富文化遗产的首批中国历史文化名城之一，其城市的历史文脉相对独立，自成体系，最早可以追溯到公元前4世纪，作为蜀国的都城，经历了包括古蜀文明、秦汉时期、唐宋时期等多个历史时期，形成了独具特色的文化风貌。在历史长河的演进过程中，成都逐渐形成了别具一格的城市文化特色，体现出开放包容的文化气度、崇文重教的文化传统等，这些都为成都的历史文脉增添了丰富的内涵。在这样一座历史文化名城中孕育出的天府文化生生不息，世代相传，绵延至今。如果说城市的文化软实力、文化创造力是决定城市高度和竞争力的核心要素，那天府文化就是成都这座城市发展的"动力舱"。天府文化的核心内涵是"创新创造、优雅时尚、乐观包容、友善公益"，这既是对中华文化巴蜀文明的弘扬和礼敬，又体现出与时俱进的当代价值，充分展示了具有成都标识性的精神特质和人文气质，同样也蕴含着对城市发展的滋养与指引。天府文化在与城市文明的碰撞融合中，逐渐引领着成都走向世界，成为成都建设世界文化名城的底蕴和基础。"文化城市"已是当前城市发展的主流趋势和最先进理念，用文化连接世界，成为众多新兴世界城市的价值追求和战略选择。成都在第十三次党代会报告中提出"要传承历史文化，弘扬现代文明，让天府文化成为彰显成都魅力的一面旗帜"。传承天府文化的独特性，彰显生活城市的优越性，与时俱进塑造世界文化名城的时代表达，是成都走向世界城市的必答之题。从成都世界文化名城的国际传播现状来看，其系统性强、传播矩阵清晰，呈现"五外联动"特性，包含外事、外资、外经、外贸、外宣五大版块，涉及多重传播主体、多个职能部门，旨在以系统化思维推动成都国际传播能级的提升。

一、围绕主题主线，对外生动传播城市故事

（一）加强宣传推广，用好中外媒体渠道

成都创新传播方式和手段，充分运用互联网等新兴媒体，统筹各方力量，加大对重大项目和重点文创机构的宣传力度，持续放大成都声音。在每年全国两会及省市全会等重要时间节点，协调中央涉外媒体关注成都高质量发展，在党的二十大、省市党代会、中国农民丰收节等重要节点，协调国内外媒体关注成都经济社会发展情况。利用全域媒体资源，及时、全面、准确、客观宣传报道成都弘扬中华文明、推动天府文化走出去工作的新进展新成效；组织市级新闻媒体聚焦文化交流、文化贸易、文化传播等

方面的重大活动，开设推动文化走出去的电视节目、报刊专栏、网站专区和新媒体平台。近两年，通过《参考消息》聚焦城市历史人文推出《成都：一座城市的跨文化国际吸引力》《成都：繁荣兴盛的城市文化被世界看见》，通过《中国日报》、《环球时报》、《经济日报》、中新社、中国网等围绕拼经济搞建设推出《成都：目标更大的全球贸易和对外开放》等深度报道，展示积极向上、奋发有为的城市形象，并充分聚焦公园城市建设，推出《公园城市 幸福成都》《青山绿水门前有：成都公园城市展现中国城市发展新图景》等，2022年共推出深度报道40余篇，展示成都宜居宜业美好生活。

（二）实施重大工程，建立建强传播矩阵

厚植天府文化底蕴，实施天府文化引领工程，成都以传承优秀传统文化基因为导向加大对传统文化的保护力度，创新拓展天府文化内涵并将其融入城乡空间建构中，与公共文化设施、公共服务产品等各类元素相结合，全面彰显天府文化的独特魅力，提升成都历史文化名城的世界影响力。此外，还实施了对外文化交流合作工程，加强文化领域的对外开放，将其与民心相通、政治互信、经贸往来相结合，统筹开展文化交流、文化传播与贸易，加快集聚全球文创高端资源要素，大力传播天府文化、持续讲好成都故事，以进一步扩大城市国际美誉度与影响力。成都紧紧围绕"传播城市、影响世界"这个核心，加强成都国际传播平台建设，建立起成都MCN国际传播联盟及海外成都留学生联盟，并将传播阵地建设推进到国际互联网，构建社交平台账号矩阵。同时打通主流传播渠道，拓宽新媒体渠道，瞄准核心目标地区和目标人群，提升成都国际传播能力。此外，整合海外成熟媒体资源美联社、法新社、日本共同社、日本《每日新闻》、NBC（美国全国广播公司）、新加坡《联合早报》、FOX（美国福克斯新闻）、《纽约电讯报》等300余家境外主流媒体及其海外社交账号，围绕成都公园城市建设、"三城三都"品牌打造等主题推出多语种报道，累

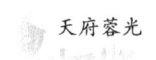

计触达海外受众逾上亿人次。在英国《伦敦日报》、德国《渴望远方》旅游杂志、法新社日本网站推出Chengdu：Half Life，Half Art（《成都，一半是生活，一半是艺术》）、Immer einen Besuch wert：Chengdu in China（《永远值得一游：中国的成都》）、《成都の観光名所で「古蜀文明」のイルミネーション始まる》（《成都旅游胜地开启"古蜀文明"彩灯》）等外文重点稿件，彰显幸福成都国际吸引力。据新华社新闻信息中心统计，海外主流媒体2022年正面报道成都2000余篇，居国内主要城市第四位。

（三）强化部门联动，加强城市大事件营销

成都把国际传播工作提升到城市改革发展的战略高度，从机构设置、职能配备、人才培养、机制建设、资金支持等方面，全方位重塑成都国际传播工作格局，组建成都国际传播中心以及国际传播研究院。建立市级部门对外文化交流"一盘棋"机制，整合全市对外文化交流活动资源，坚持精品战略和品牌意识，有计划、有步骤，分门别类地把全市的特色文化资源带出去。同时，构建天府文化的现代传播体系，完成《成都市精准实施国际传播系统工程工作方案》，指导全市面向国际社会系统化、精准化、常态化讲好成都故事，传播好天府文化。切实发挥好成都市文化体制改革和文化产业发展领导小组、成都市推进世界文创名城建设工作领导小组作用，用好成都市文化产业发展促进中心，健全市区两级联动机制，统筹协调各方资源力量，共同建设世界文创名城。健全产业统计标准，推动建立部门间产业数据共享机制，定期发布统计数据和产业发展报告。建立健全与财政、科技、金融、经信、市场监管等部门联系联动机制，完善动态评估机制，形成推动产业发展合力。运用好成都丰富的赛事、会展资源，利用世界文化名城论坛·天府论坛、成都国际马拉松等成都大型活动的契机，借助大型活动热度，加强与国内外主流媒体渠道、参会嘉宾自媒体渠道的联动力度，在境外开展系统性的活动推广，以此提升天府文化的国际影响力。

二、创新多元表达，推动天府文化扬帆出海

（一）创新搭建天府成都国际传播研究中心

建立天府成都国际传播研究中心，以国际化视野对外整合高校、研究院、国内外智库、媒体等各类研究资源，建立专家库及研究员队伍，通过开展国际文化交流、协调国内外权威机构发布榜单等，提升成都在国际城市的竞争中争取话语权，讲好成都故事，更好地推动新时代天府文化享誉全球。

（二）借力重大赛事节会弘扬天府文化

以文化人，踩实踩准重点时间节点，依托世界文化名城目标和"三城三都"建设，传播天府文化，增加受众对成都的良好感知、情感认同。以世乒赛为契机策划推出《成都世乒赛团体赛：绿色低碳成为办赛关键词》等重点报道300余条，美联社、日本共同社、新加坡《海峡时报》等近30家海外媒体推出多语种报道500余条，已然彰显城市运动底色。此外，充分把握成都大运会召开有利契机，主动喂料境外媒体，引导境外媒体记者关注点，聚焦大国风范、大运精彩、大城幸福等，法新社、日本共同社、新加坡《联合早报》、巴西通讯社、白俄罗斯通讯社、西班牙国际广播电台等300余家境外主流媒体推出重点报道800余条，累计触达海外受众上亿人次。在大运会宣传上，成都结合天府文化的特点，利用川剧、蜀绣、漆艺等非物质文化遗产元素，在文化活动设计和标志上打造天府文化名片。同时，积极策划推出《凤凰周刊》54页封面报道《大运成都：拥抱世界，成就梦想》、《中国国家地理》特刊《想来想去，只有成都》，协同新华社"迪迩工作室"推出英语脱口秀《解码成都：神秘的符号》，全网超200家媒体平台发布，新华社和新华网单条点击量超300万次。把握成都大运会奖牌"蓉光"发布等重要节点开展报道，其中《成都准备好了！》

推广片全球播放量突破 1 亿次。

(三) 精准实施对外文化交流活动

制定《关于弘扬中华文明推动天府文化走出去工作的实施方案》，完善天府文化国际传播的实施机制。精准实施对外文化交流活动，积极参与国新办在世界各国举办的"感知中国"等国家外宣活动，借助国家平台推动成都走向世界；与文化部共建摩洛哥拉巴特中国文化中心，并依托海外中国文化中心平台，策划举办"天府文化周"主题文化交流活动；组织中国外文局"熊猫杯"征文大赛获奖者来蓉体验天府文化；协调组织成都原创音乐人参加第 52 届 MIDEM 法国戛纳音乐博览会，向全球展示成都作为国际音乐之都的风采；主办、协办"2018 成都（国际）童声合唱音乐周""2018 成都国际熊猫音乐节""熊猫小记者"全球追访"一带一路"大型公益新闻接力行动等国际文化交流活动，坚持"走出去"与"请进来"相结合；策划举办成都国际诗歌周，出版《外国诗人咏成都》《中国诗人咏成都》诗集，宣传推广成都诗意生活和作为中国诗歌重镇的独特文化魅力。

(四) 创新传播载体促进天府文化传播多样化

与美国甄能煮制作公司联合制作电视片《甄文达天府舌尖之旅》，在美国超过 200 家电视台联合播出，覆盖全球数亿观众。与法国 TV ONLY 公司联合制作《主厨之旅》等影视作品，在法国 ONLY LIFESTYLE 频道、俄罗斯一台、法国五台世界频道、西班牙三台等平台播出，覆盖 13 个国家和地区的观众；将城市品牌植入 ELLE、香奈儿等国际知名品牌在蓉活动中，借势解读天府文化的精神内核，对外展示成都的国际范儿。

(五) 精心培育天府文化城市传播品牌

紧紧围绕成都"国家中心城市""美丽宜居公园城市""国际门户枢纽

城市""世界文化名城"战略定位，围绕"三城三都""国际化营商环境""天府绿道"，围绕天府文化的时代价值和现实表达，围绕全市重大工作、重大活动开展选题策划，通过每季度的策划会、每月的选题会，持续推进城市推介工作。以天府文化为核心，整合国际传播渠道和资源，培育打造文化节会品牌。近几年，成都举办了各类大型文化交流活动，如中国成都国际非物质文化遗产节、中国网络视听大会、成都全球创新创业交易会、成都创意设计周等，通过主动融入国际赛道提升城市的国际化水平和全球影响力。同时，尝试创立城市奖项品牌，将"金熊猫创意设计奖""金芙蓉音乐奖""草堂诗歌奖""华语青年作家奖"等打造成高度国际化、具有天府文化影响力的品牌奖项。

三、建强自有力量，提升对外宣传专业化水平

（一）加快推动市级外语媒体提质升级

抢滩国际互联网，实施"海外社交平台粉丝增长计划"，持续发力优兔、脸书、照片墙等海外社交平台。截至2023年8月，Chengdu Plus 优兔账号粉丝量继续位居全国副省级城市外宣账号第一方阵，全球累计观看时长超32万小时。HELLO Chengdu 照片墙账号粉丝量在全国同类外宣账号中排名第一，增至40.2万，GoChengdu 新媒体账号创造城市英文网站承办世界大学生运动会官网先例，位列2022年中国旅游城市新媒体国际传播力指数第一方阵。

（二）进一步提升内容生产力

围绕传统文化主题，策划推出《可以吃的二十四节气》《跟着诗歌去旅行》等英文短视频，多元展示城市文化魅力。其中，《寻漆中国的法国漆匠》获中国外文局"第三只眼看中国"国际短视频大赛一等奖，《外国作家笔下的百年成都》《烟火成都 麻辣大运》获"讲好中国故事""看见美

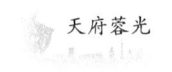

丽中国"等大赛重要奖项。不断提升外语内容生产能力，持续推出国际精品力作。

（三）建强国际传播专业队伍

成都传媒集团于2019年正式挂牌成立集团国际传播专职机构——国际传播中心，通过国际传播中心统筹协调集团国际传播团队和资源、组织策划国际传播内容和形式，提升集团国际传播队伍与重大主题内容的契合度。目前，集团第一类传播渠道包括：GoChengdu网站、HELLO Chengdu杂志、每日经济新闻英文网以及面向中国港澳台地区和东南亚地区的中文繁体App、红星新闻"一带一路"国际频道、熊猫俱乐部以及1个境外社交账号矩阵和2个国际传媒机构与自媒体联盟。

1. GoChengdu网站

2014年10月改版上线后吸引了超过200万访问者、超过500万点击量，其中超过六成的访问者均来自海外（不含港澳台），谷歌PageRank（网页级别）评估值达到5级，目前已形成以网站为主体、微信和海外社交平台兼顾的新媒体矩阵，设置新闻、投资、旅游、生活、活动五大频道。在综合网站排名体系Alexa上GoChengdu网站影响力连续三年位列全国15个副省级城市同类型外宣网站榜首，在国家中心城市同类型网站中，也始终保持在第一梯队。

2. HELLO Chengdu英文杂志

HELLO Chengdu作为成都市外宣、国际传播的重要媒体平台，截至目前已成刊11年。杂志内容涵盖城市新闻、文化、生活、商务、旅游、美食等信息，是目前中国西部最具影响力的双语杂志，被在蓉外国读者评价为"在成都唯一一本可以阅读的英文杂志"。杂志发行点位以成都为主，覆盖国内重要涉外城市，如北京、上海、重庆等，其中成都发行点位超过

3000 个，拥有本地覆盖面最广、最精准的对外/涉外及中高端圈层读者发行渠道。

3. 每日经济新闻英文网

自 2016 年末正式运行以来，开设了商业、科技、城市、政策、人文和视频 6 大栏目，以自采英文报道为主，主要服务对象为海外投资者和商界人士。截至目前，各平台同步发布逾 3 万条英文资讯及报道，用户群体覆盖来自全球 205 个国家和地区；2018 年 7 月，每日经济新闻首个海外办事处在美国硅谷成立；2019 年 9 月 20 日，每日经济新闻国际文创金融路演中心全球发布；2019 年 9 月 22 日，每日经济新闻智库纽约中心挂牌。与此同时，每日经济新闻英文网站于今年 9 月底上线了最新版本，并将于今年内上线每日经济新闻英文 App。

4. 红星新闻"一带一路"国际频道

于 2019 年 4 月 29 日正式上线，成为第二届"一带一路"国际合作高峰论坛落幕后国内首个推出"一带一路"频道的主流媒体，包括即时播报、权威发布、中欧班列、高端访谈、丝路故事、丝路视讯六大栏目，放送最及时的第一现场、最权威的政策发布、最全面的商业资讯、最高端的深度访谈、最生动的丝路故事和最多元的融媒内容。

5. 熊猫俱乐部

作为受托运维的文化产业发展项目，熊猫俱乐部拥有熊猫"乐乐"形象 IP，通过结合"熊猫外交""青年文化外交"策略，于 2018 年举办了国际大学生艺术节，汇聚了一批来自世界各地的大学生粉丝。

6. 境外社交账号矩阵

集团所属各团队分别在脸书、推特、照片墙、优兔以及抖音国际版等

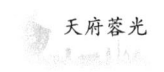

社交平台上打造账号，全面布局社交平台渠道，通过境外最具影响力的社交平台传递成都声音。截至目前，集团境外社交账号矩阵粉丝数为13万人，初步打通境外活跃社交平台账号渠道。

7. 成都MCN国际传播联盟及成都海外留学生联盟

由国际传播中心和GoChengdu双语网站牵头，组建成都海外留学生联盟，发展成都本地及周边出国留学生加入联盟，1年内发展1000名用户，其中活跃用户占比不低于10%；发展成都MCN国际传播联盟，建立"官媒总控＋个体发声"的运营体系，1年内发展10个机构成员，以生产短视频为主要内容。

四、强化涉外联动，强化国际传播多领域合力

（一）强化境内外媒体交流互鉴

坚持交流互鉴，扩大国际媒体"朋友圈"，构建立体化天府文化传播渠道，进一步让"成都声音"抵达国际舆论场。坚持"走出去"，组织市级涉外媒体赴希腊雅典、德国柏林等城市开展"成都媒体访友城"活动，增进成都与国际友城的文化互动交流。积极"请进来"，邀请CNN、彭博社、CNBC、俄罗斯国家媒体集团、澳大利亚广播公司、波兰TVP电视台、尼泊尔ABC电视台等国际媒体记者来蓉参访和文化交流，进一步扩大成都形象海外传播覆盖面，提升成都声音在境外主流媒体落地率。

（二）持续开拓海外资源

一是外资外贸方面。结合成都获批国家文化、数字服务、人力资源服务出口基地和2个国家进口贸易促进创新示范区，入选国家服务业扩大开放综合试点，在蓉世界500强企业达315家，新设外商投资企业566家等重要节点、有影响力的事件，策划对外宣传报道，展示成都发展机遇和机

会清单。二是外事外经方面。结合巴西和阿根廷获批在蓉设领事馆、西班牙驻蓉总领事馆正式开馆、与西班牙马德里签署建立友好合作关系备忘录等重大事件,加强对外宣传报道,展示城市国际交往平台建设成效;结合成都推出"新生活、新消费、新成都"系列主题活动,发放56.6亿元消费券拉动消费,新增国家级夜间文化和旅游消费集聚区等重大举措,策划对外宣传报道,展示成都市优化消费供给,加快建设国际消费中心城市成效。

第三节 成都建设世界文化名城的互动传播效果

对传播效果进行评估是传播过程中的必要环节,也是评价传播活动是否成功的重要因素,是媒介传播力的直接反映,而传播效果又与传播主体、传播内容、传播媒介、传播受众四个因素息息相关。在城市形象的传播过程中不能只顾"低头做事"而不"抬头看路",一味地对外输出而不对传播效果进行及时有效的评估可能会导致传播方向出现偏差,无法达到传播目的。因此,了解城市互动传播的效果对于城市形象的传播力构建是十分必要的。成都在"十四五"规划中明确要求:"提升城市文化软实力,更好满足人民精神文化生活新期待,建设面向世界的中华文化传播和文明交流互鉴高地。"当前,成都正以高度的文化自信和强烈的使命担当,坚持以文化作为推动城市高质量发展的强劲动力,以文化人,以文化城,深刻把握文化发展趋势和城市发展规律,自觉践行习近平总书记建设社会主义文化强国的重要指示,提出建设中华文化向外传播与国际文化交流高地、打造誉满全球的国际文化大都市、建设世界文化名城的宏伟目标。在这一目标下成都进行了各类传播尝试,进一步对城市形象进行塑造与影响,对于整个城市的旅游发展、经济市场起到了积极的促进作用,但具体的传播效果还需要实证与量化地检测与反馈,在过程中去探寻现有问题的

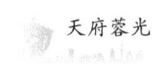

应对措施与未来发展的策略思路。

一、国际舆论场域中的城市地位

国际社交媒体已经成为国际舆论流通的重要载体，城市在舆论场上的营销与传播直接决定着其国际地位与影响力。就成都而言，城市的国际传播之路早已铺开。根据第五届成都论坛人民网舆情数据中心发布的《全媒体与新路径：城市国际互联网形象研究报告》，在国家中心城市国际形象传播影响力榜单上，成都位列第四，并且在综合社交影响力、图片社交影响力、视频影响力等领域均有不凡表现。除此之外，成都当前在国际舆论场域中的评价与反馈也较为良好，且取得较大进步。国际知名城市化研究智库 GaWC《世界城市名册 2020》显示，成都位列全球第 59 名，是唯一入选 Beta＋的中国城市。美国米尔肯研究院发布的"中国最佳表现城市指数"，成都 3 次位居第一，且持续蝉联"中国最具幸福感城市""新一线城市"榜首。近年来，成都以外语媒体建设为抓手，"造船出海"，抢滩国际互联网，形成了国际化、专业化、差异化的外语传播矩阵，范围覆盖网站、杂志、电视、社交平台、智库等多类平台，其中包括一个网站（GoChengdu），一本中英文杂志（HELLO Chengdu），一个外语视频专栏（Chengdu Plus），一个国际频道（红星新闻"一带一路"频道），一个智库（每日经济新闻智库），及一批海外社交账号，在国内超大城市中具有明显的比较优势。相关统计数据显示，成都优兔平台"Chengdu Plus"账号粉丝量和影响力居全国大城市外宣账号第一和照片墙平台"hellochengdu"账号粉丝量居全国大城市第一。同时，Chengdu Plus 落地海外 8 个地面频道播出，GoChengdu 网站在全球网站排名权威机构 Alexa 的名次持续上升，以及每日经济新闻智库在纽约、洛杉矶、东京等地建立分中心，成都外宣作品多次获得国家级海外传播大奖。此外，成都外语媒体已经进入高速成长期。Chengdu Plus 主攻纯英文视频制作，截至 2021 年 8 月底，Chengdu Plus 在优兔视频观看总时长已突破 21 万小时，并受邀加入优兔官方全球合作伙伴计划。HELLO Chengdu 双语城市杂志聚焦城市资讯、文化、生活、旅游、商务等内容，帮助外籍人士深入了解城市、融入本地生活。目前，照片墙平台账号粉丝量超过 20 万，总浏览量超 3300 万人次。

在国际传播赛道中成都也在持续发力，其国际传播作品"爆款频出"。成都深耕本土资源，深入研究海外受众喜好和兴趣点，从熊猫、美食、金沙遗址等海外受众熟悉的成都文化符号出发，在展现世界历史文化名城的同时，传递成都城市魅力。在传播实践中，共情传播是增强亲和力的有效手段。"成都想说"结合"受众想听"，"自己说"结合"他人说"，以小切口、小故事、小角度讲述城市发展故事，增加了海外受众对成都的良好感知、情感认同。如 GoChengdu 网站用互联网思维和国际视野，开设"熊猫冷知识""汉服诗歌大赏"等栏目，借国际友人之口，用事实、镜头讲故事，多角度策划内容，力求传播者与接收者共情，并通过大运会来加强与世界青年的对话。成都国际传播矩阵日渐发力，爆款频出，如 Chengdu Plus 制作的英语短视频《中国高铁有多快？高铁上点外卖能收到吗？》，观看量已超过 65 万次，在优兔全球平台搜索"中国高铁"，排名第二。《有一种生活美学叫成都》系列英语短视频荣获国家广电总局 2020 年度优秀海外传播作品大奖，其"美食篇"还荣获了第二届中国-东盟电视周优秀传播案例奖。《成都天府国际机场最强使用指南》《体验成都天府软件园上班族的一天》《行走成都——中国大学生有多幸福？》等多部作品在优兔上的播放量均超过 10 万次。尽管取得如此成绩，成都在国际传播的路上仍然任重道远，必须警惕快速、高速传播背后的问题，如常见的不同城市的城市形象的传播定位表述存在部分雷同现象，城市形象缺乏真正文化内涵、对城市各项文化特征表现不够，城市形象传播定位与城市形象产品协调性不足等问题均值得关注，必须找准成都在国际舆论场域中的定位，把握好国际传播的针对性和精准性。

二、数智技术基点下的传播主体

数智化融合是媒体融合发展的新阶段，主要是以数字技术为核心，与不同媒体平台之间进行互联互通，具备比较强的技术驱动特征。大数据和人工智能是数智化融合的主要表征，包含较强的技术元素。在算法生产与内容推荐日益普及的互联网时代，媒体传播逐步开始以内容为驱动，这里所讨论的"数智"时代的国际传播，正是以大数据和人工智能为特征的媒体融合第二阶段背景下的国际传播。在传统的传播格局中，其基本主体仍然是国家，此外还包括国际机构、超国家机构、同盟或地区集团、跨国组织或运动、国内各种集团或组织等。数智化融合下的传播不局限于上述主体，更多是在人与人之间的传播。对于城市而言，城市形象传播的重要主体是政府主管部门，但更多的是基于此衍生出来的自媒体、网络平台、城市居民等各类传播主体。

（一）政府：城市形象传播的重要主体

政府是城市建设的第一责任人也是城市形象宣传最具自觉意识者，为城市传播的构建提供资源平台。政府在城市传播的过程中更多承担的是主管责任，在保证合法、规范、有效的前提下充分发挥各类力量的作用，吸纳不同的主体参与其中。如成都的国际传播中心及国际传播研究院于12月17日揭牌成立，该中心作为成都传媒集团总部职能部门，专班推进国际传播工作，负责为成都市及成都传媒集团国际传播的顶层设计优化和国际传播的体系构建、品牌塑造、队伍建设、渠道规划、资源整合等提供全方位研究和系统性设计，进一步面向海外讲好中国故事、传播好中国声音，讲好成都故事、传播天府文化，让世界读懂新时代的天府成都，有效提升成都国际传播能级。成都国际传播中心由清华大学国家形象传播研究中心负责成都国际传播中心功能设计、专家委员会组建等工作，并由成都传媒集团负责具体实施工作。中心下设综合事业部、发展研究部及对外交流部，负责推进国际传播相关工作以及国际传播课题的研究与落地。同时，成都国际传播中心加挂国际传播研究院牌子，由清华大学负责联络国内外专家组建专家团队，旨在探索成都国际传播建设的新理念、新模式、新方法，体系化塑造国际语境下的成都价值、气质、活力，有效提升成都国际传播能级，进一步提升城市显示度、美誉度和影响力，吸引和聚集全球发展要素，助力成都加快建设全面体现新发展理念的城市，奋力实现新时代成都"三步走"战略目标。

（二）媒体：政府主导下的城市宣传者

媒体是我国国际传播和国家形象塑造的中坚力量。当前，世界秩序的持续变化使得国家对主流媒体国际传播的需求更加迫切和多元化。同时，在智能全媒体传播体系的建设过程中，信息技术、人工智能等新兴技术持续对我国媒体进行赋能，进一步推动国际传播能力的提升及功能的拓展。在数据的挖掘和智能推送技术的应用上提高了跨时区、多国家的信息传播可能性和精准性。当前，成都拥有由27个账号组成的多语种海媒矩阵，账号主打不同平台，形成传播合力。其海媒矩阵与众多国外机构、学校、中国城市等海媒账号进行沟通协作，形成互关互推机制。成都的国际传播矩阵是建设地方旗舰外宣品牌的创新和尝试，这表明成都正形成具有国际影响力的媒体集群，朝着多主体、立体式的大外宣格局迈进。

（三）网民：移动互联网技术催生的"潜在"传播者

移动互联网和物联网技术的飞速发展，使得"万物联通"的场景变为现实。这一现状对于公共外交与对外传播的意义在于：新媒体平台作为社会全员参与的"新闻广场"，已逐渐成为公共外交重要的竞技场。中国的网民数量巨大，并且每年仍然保持着"入网"增势。中国互联网络信息中心（CNNIC）2023年发布的第52次《中国互联网络发展状况统计报告》显示，截至2023年6月，我国网民规模达10.79亿人，较2022年12月增长1109万人，互联网普及率达76.4%。网民规模的持续增长及其多元化的传播需求同样反向作用于云端生态与现实交往的重构，再加上互联网的线上沟通模式不断创新，中国与其他国家、地区线上线下交流合作加速融合。因此，必须重视这一潜在主体的话语权，进一步加强网络平台规范化建设。当下，乘着"网红经济"的东风，成都在网络平台上的反馈良好，网络舆论多以正面评价呈现。如大运会期间，外国运动员在成都街头走一走、坐上巴士吃火锅、夜游锦江望灯火……通过外国运动员视角展示的成都，吸引着世界各地游客源源不断地涌到这里，同时为了帮助外国朋友更好地融入成都的生活，还有"资深成漂老外"主动录制有关"入乡随俗"的攻略视频，解锁扫码骑车、线上支付等技能。通过借势网民与自媒体平台这一强大的传播主体，让成都独特的城市文化得到进一步传播。

三、跨文化传播受众的效果反馈

受众是指大众传播的信息接收者或传播对象。它是一个集合概念，最直观地体现了作为大众传播信息接收者的社会人群。作为传播过程的构成要素之一，随着传播时代的发展，受众的内涵和外延也在不断地深化和拓展，并一直是传播研究的重要课题。传统媒体时代，传播媒介生产新闻产品，满足受众的信息需求，受众作为信息产品的消费者。新媒体时代，传者和受者的界限变得模糊，受众在作为消费者的同时，也在进行信息生产，受众成了美国未来学家托夫勒在《第三次浪潮》中提出的"产销者"，既生产新闻信息也消费信息，作为"产销者"的受众，地位拔高到了前所未有的高度。受众是传播行为的接受者和信息流通的目的地，是传播活动中必不可少的要素。任何的传播活动都必须关注受众并对其特征进行分析，以精准了解其需求，达到有效传播的目的。尤其是在跨文化传播领域更应当重视受众的反馈结果，一般来说体现在以下几个方面：一是认知层面。受众在接收到跨文化传播的信息后，会对自己的文化背景、价值观等方面进行反思和比较，其间会意识到自己与对方文化之间的差异，并试图理解和接受这些差异。这种认知层面的反馈可能会导致受众对跨文化传播的信息产生更深层次的理解和接受。二是情感层面。受众在接触跨文化传播的信息时，可能会产生情感上的共鸣或反感。如果传播的内容与他们的文化背景和价值观相符合，就可能会感到亲切和认同，反之会感到陌生与不解。情感层面的反馈可能会影响受众对跨文化传播信息的接受程度和态度。三是行为层面。受众在接受跨文化传播的信息后，可能会在行为上产生变化。通过尝试接触和了解对方文化，或者采取相应的行动来表达自己的认同或拒绝。这类行为层面的反馈是受众对跨文化传播信息接受程度的最直接表现。因此，为了提高跨文化传播的效果，我们需要关注受众的反馈，并根据反馈适时调整传播策略和方法。因此，做好中国特色文化的推广，尤其是地方文化的传播，必须要有跨文化传播的主动意识，同时还需树立和强化受众意识。即不能以自我为中心，而应当以受众为中心，通过多元化的传播形式和丰富的传播内容充分把握和抓住国外受众的心理，目的是凸显不同文化背景中传播的多样化和差异性，重点关注基于互动产生的效果反馈。

本部分将以成都作为调查样本，对成都进行跨文化传播的受众进行问卷调查，主要是针对受访者对于成都城市形象宣传片的态度、认知与行为效果进行分析。在问卷设计上，主要包括受访者人口统计学特征、成都城市形象宣传片的视觉叙事传播效果两大部分。此次问卷通过问卷星平台进行发布，在生成问卷链接后转发至微信、QQ、微博、小红书等各大平台进行填写。为确保问卷的回收质量，对问卷的作答次数进行限制，同一个IP地址仅能填写一次。本次调查共计回收问卷573份，在删除无效样本后，还剩下501份有效问卷，具体调查数据如下。

（一）受访者对于成都市的认知接触渠道

本项调查的目的是分析受访者对成都的了解主要来自哪些渠道，通过什么方式形成对成都的认知。调查显示，受访者主要通过在成都生活或旅游、抖音等新媒体平台及城市形象宣传片来了解成都，分别占比62.56%、65.18%及53.33%（见图6-1）。

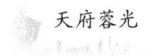

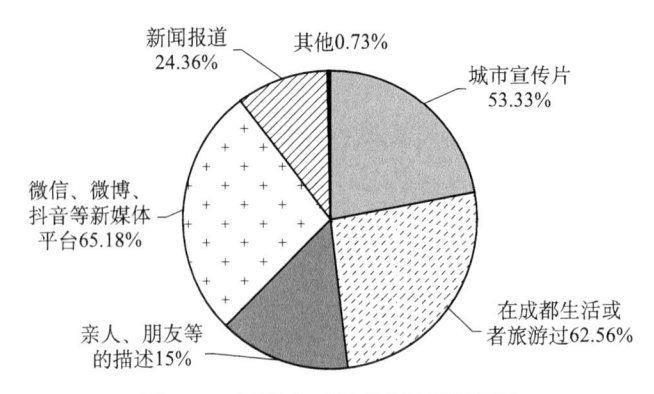

图 6-1 受访者对于成都的了解渠道

新闻报道 24.36%
其他 0.73%
城市宣传片 53.33%
微信、微博、抖音等新媒体平台 65.18%
亲人、朋友等的描述 15%
在成都生活或者旅游过 62.56%

（二）受访者对成都城市形象宣传片的观看情况

本项调查的目的是了解受访者对成都城市形象宣传片的观看情况，从而反映成都城市形象目前的传播情况。调查显示，目前受访者观看较多的宣传片为《成都印象》《天府成都》《大运成都》，被选择的次数为173、168及163，目前这三部宣传片传播效果较好，得到受众群体的认可与好评，与大运会举办前夕的时间契机有十分密切的联系。与之相对应的《I LOVE THIS CITY》与成都《财富》全球论坛宣传片受访者观看情况最差，仅被选择88次与61次，占比分别为25.63%与17.79%，其传播的效果并不理想。由此可见，宣传片作为城市传播的主要方式之一，其传播受众的反馈并不完全理想，评价结果也可能存在两极分化。

（三）受访者对成都城市形象宣传与传播方式的认可度

根据本次调查数据可知，在成都城市形象的宣传与传播过程中，有高达366位受访者认为成都的传播手段多元化，传播效果较好，占比73.05%。但同时也有21.16%的受访者表示在成都形象宣传过程中存在局限性，主要表现在传播对象单一、传播范围不够广、城市形象失真等问题。从整体成都的传播受众反馈结果来看，在城市宣传的认可度上当前受众对于这座城市的关注热情仍然较高，但也有提出意见与建议的声音存在。

　　总的来说，城市形象的宣传需要通过消费者的认可和"买单"才能实现价值的增值和变现，必须针对不同的受众进行有针对性的传播，充分激发受众对城市的关注热情，强化受众与城市之间的情感纽带，这是城市实现有效传播并获得追随者进而实现价值变现的重要路径。对于大量而普遍的受众来说，如何提升他们对于城市的关注度与认知度，将"路人"转变为"粉丝"，具体到城市形象的宣传与传播上就是要站在受众的角度考虑问题，将受众的情感放在首位，城市宣传范畴中所指的受众主要是城市的居民和来访游客。居民作为城市的主体，其信息反馈十分重要，言行举止也影响着整个城市的形象和发展。因此，必须将居民作为城市宣传的第一受众，把城市理念融入居民日常生活中，达到"人城共识"，形成正向的良性的互动效果。此外，游客也是城市形象传播的重要受众，游客的数量是一个城市综合实力、经济活力的重要体现，对于游客而言，旅游的过程就是了解一座城市的过程，他们会通过旅游从自己的角度去感受、评价这座城市，并将获取到的信息传递给周围的人。不同的受众对城市的兴趣点不同、分类不同，因此，城市的传播方式和内容也应该区别对待，通过动态监测城市传播的互动传播效果，积极调整传播策略，实现受众与效果之间的精准对接，让城市传播更加有效且流畅。

第七章

格局优化：加快建设彰显天府文化特色的世界文化名城

成都市委十三届九次全会明确提出，"要弘扬中华文明，发展天府文化，以远大的城市抱负、宽阔的文化境界，建设以开放为新引擎的公园城市，建设世界文化名城"。作为一座常住人口超 2000 万的超大城市、国家中心城市、全省主干城市和成渝地区双城经济圈的核心引擎之一，成都不仅是文创、科技、旅游、娱乐等多产融合发展的西南区域消费中心，也是直播电商、国潮文化、时尚大牌、电竞文化等新型消费业态的重要承载地。因此，成都的新型文化消费体系建设既要与消费水平、文化底蕴、旅游资源、产业基础、城市定位相匹配，更要有培育新型消费引领者的战略远景和形成国际消费中心的战略设计作支撑。

作为第一批"中国历史文化名城"，丰富多彩、独具魅力的天府文化，历来既是成都最厚重的底色，也是成都人最骄傲的荣光。如何充分发挥、利用成都的区位优势和文化优势，构建适应新发展格局的新型文化消费体系，既是新时代赋予成都的使命和任务，也是成都市政协聚焦中心大局、积极履职尽责的切入点和发力点。

第一节　文化挖掘：夯实溯源与传承根基

十九届中央政治局就深化中华文明探源工程进行了第三十九次集体学习。习近平总书记在主持学习时强调，"文物和文化遗产承载着中华民族的基因和血脉，是不可再生、不可替代的中华优秀文明资源。要让更多文物和文化遗产活起来，营造传承中华文明的浓厚社会氛围。要积极推进文物保护利用和文化遗产保护传承，挖掘文物和文化遗产的多重价值，传播更多承载中华文化、中国精神的价值符号和文化产品"[1]。

一、亟待提升的面向

（一）乡村文化保护现状不容乐观

目前，乡村文化的传承发展在不少乡村出现断层，能够留住乡村文化记忆和美丽乡愁的符号越来越少。一是对传统农耕文化认识的错位。由于现代科学技术和农业技术的发展，很多年轻人认为传统农耕文化已经不合时宜了，缺乏传承保护农耕文化的动力。比如，由于中国传统二十四节气、农业谚语等对于现代农耕生产的指导功能有所减弱，农村年轻一代对二十四节气、农业谚语等没有兴趣甚至毫不了解。二是传统价值观念和传统美德不受重视。现今农村年轻一代普遍忙于致富奔小康，忽视了对"仁、义、礼、智、信、忠、孝、悌、节、恕、勇"等传统价值观念和传统美德的认知与弘扬。三是乡村文脉的传承发展缺少载体和契机。由于现今农业生产的分散性和独立性，大多数农村开展文化活动较少，一些民俗活动、民间歌舞技艺难以得到展演和传承。传统民间技艺如农村竹编、草编、石艺、

---

[1] 《把中国文明历史研究引向深入 推动增强历史自觉坚定文化自信》，《人民日报》2022 年 5 月 29 日。

刺绣等因为枯燥、难学、发展前景不明朗等而较少有人愿意从事，随着老一辈民间传统艺人的离世，一些历史悠久的传统民间技艺会逐渐消亡。基层农村干部群众由于观念意识的局限，认识不到古村落、古民居、古戏楼等传统建筑的文物价值，导致这些传统建筑缺少保护和修缮。

（二）地方文化开发创新不足

以龙泉驿区为例。一是地方文化的开发创新不均衡。比如，龙泉驿区对交通便利、便于管理的洛带古镇、石经寺等重要历史文化遗产在人力、资金、开发科技等方面投入很大，而明蜀王陵、桃花故里、部分摩崖题记等因交通不便、未被选为龙泉驿区重要旅游点位的历史文化遗产却存在保护和开发方面的缺失。二是地方文化发展体系不完善。龙泉驿区有数量多、历史意义较大但位置分散的古代墓葬群，还有北周文王碑、唯仁山庄、龙泉山等自然历史人文景点，但这些历史文化遗产仍然处于孤点发展的状况，彼此间的发展互补和文化串联并未建立起来。三是地方文化开发创新潜力释放不充分。重要历史文化遗产开发存在科技植入不够、创新程度不高、较为忽视公众文化需求热点的问题。如洛带古城修建有仿古的洛带长城，对古代战争遗迹进行现代复原，但这一景点主要依托陈列式、传统山体游览方式进行文化旅游供给，科技植入不多，对相关历史文化元素的二次开发创新不够。

（三）地方文化助推产业优势未发挥作用

一是地方独特文化资源开发不足，缺乏叫得响的企业与品牌。成都市历史文化底蕴深厚，农耕文化、林盘文化、南方丝绸之路文化、三国文化、民族文化、红色文化、茶马古道文化资源丰富。但由于缺乏对这些地方文化的深度挖掘和传承创新，难以形成深受人们欢迎的地方文化衍生产品，缺乏与地方文化相关的叫得响的品牌和企业。二是产业中文化润色不够。以竹产业为例，竹子集生态价值、经济价值、文化价值、观赏价值、美食价值于一体，成都邛崃市竹林资源丰富，但资源优势并未转化为经济优势。究其原因，在于没有给竹产业植入独特的地方文化内涵，产品缺少文化附加值，难以在消费者心目中形成"名特优"的形象。三是文化与其他产业融合不深。一些偏远地区，农民自给自足的小农意识根深蒂固，缺乏市场意识和创业精神，没有用独特的地方文化吸引游客、吸引投资。

（四）乡村文化振兴面临制约较多

一是部分地方政府重视程度不够。部分地方党委、政府对经济社会统筹发展的可持续思考能力不足，眼光仍然局限在单纯的发展经济上，个别农村文化建设甚至还没有被提上日程。二是地方文化服务乡村振兴存在制度性障碍。政策配套不足导致地方文化对社会资本、技术、人才等生产要素的吸引力不够，城市工商资本对农业农村投入意愿仍然不强；虽然从中央到四川都出台了传承发展中华优秀传统文化的意见和方案，但具体到县乡一级还缺乏制度安排，特别是专门针对保护乡村文化的规划尚处于试点中。乡村地方文化的保护传承缺乏政策支持引导，对村志村史编纂没有纳入总体规划，对村史馆建设鼓励不够，一些县乡因财力不足对乡村文化建设投入不够。三是公共文化基础设施配置不合理，服务功能有待提升。一方面，一些农村文化设施建设严重滞后，自然村无文化活动室、公共健身跳舞场地，行政村无村级文化综合服务中心、文化广场、农家书屋等；另一方面，有些社区公共文化基础设施建设存在盲目投入、千篇一律的现象，一味搞"大而全"，其结果是现有设施没有得到充分地利用。四是核心价值观念淡化。受西方文化和城市文化的双重冲击，乡村传统道德观念逐渐式微，部分群众主体地位缺失，建设美好家园的内生动力不足，村民在乡村振兴之路上没有归属感、自豪感、获得感和责任感。五是乡村治理模式有待进一步创新。目前农村空心化问题日益严重，使得村民自治难以顺利推行；部分农村群众法治观念淡薄、道德滑坡，这些因素造成大部分农村难以实现"自治、法治、德治"相结合的乡村治理模式，从而制约着

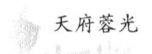

乡村文化的振兴。

二、提升成都文化挖掘的主要方向

（一）加大地方文化抢救保护力度

过去，成都市在地方文化保护方面作了大量工作，也取得了较大成效，但也存在一些地方重产业发展、基础设施建设，轻历史文化资源保护的现象。为此，成都应进一步增强乡村优秀传统文化保护传承的紧迫感和责任感，开展乡村文化挖掘整理、研究阐释、弘扬传承、创新发展、转化利用等行动。一是健全地方文化保护制度。编制乡村文化遗产保护利用规划，制定地方历史文化资源保护、挖掘、整理、阐释、利用等制度。全面开展乡村非物质文化遗产资源、历史古迹普查登记工作，建立完善文物"四有"档案，做到"一村一档"。二是实施乡村文脉抢救保护行动。因地制宜、分类指导，加大对古村落、历史建筑、传统文化遗址等的保护力度，按照"一户（物）一策""一村一策"进行保护修缮。对现存部分尚有价值的古建筑、古村落、历史遗迹等，尽力申报将其列入各级文物保护单位、非物质文化遗产名录等加以保护，对濒临失传的传统技艺、工艺和地方曲艺种类下大力气进行抢救保护。利用文化院落和乡村文化站等载体，支持各级非遗传承人开展传承传习工作，把老一辈留下来的制作技艺、表演绝活等代代相传并发扬光大。三是让科技为地方文化发展助力。在地方文化保护和创新上，科学引入移动互联网、卫星定位技术、云计算、大数据、物联网、人工智能及新能源、新材料多项新技术，以科技点亮地方文化的新未来。

（二）在产业发展中融入地方文化基因

在推动产业发展进程中，就地取材发展文化产业，在产业振兴、产品打造中融入地方文化元素，增加产品的审美度和附加值，增强产业发展的内生动力。一是实施乡村文化品牌培育工程。扶植一批有创意、成长性强的文旅、文创企业，塑造具有浓郁地方特色的乡村文化品牌。加强对乡村土特产品或文化产品的创意设计和品牌包装力度，打造出文化体验感较强的品牌或产品，鼓励开发有特色、有创意、乡土气息重的民俗文化产品或手工艺品。如蒲江雀舌茶叶、崇州道明竹编等。二是发展蜀绣、竹编、川菜等特色产业。以竹产业为例，在发展中要与地方文化深度融合，打造竹文化馆、竹文化主题公园、竹工艺品特色街、竹生活康养基地等，认定命名一批"竹林小镇""竹林人家""竹乡农家乐"等乡村旅游新业态，支持企业和民间工匠开发竹编、竹雕、竹具等文化创意产品，推出竹笋、全竹宴等特色文化餐饮。三是实施"文创＋农创＋旅创"三创融合工程。根据实际条件，建设三创融合示范乡村。举办"大地艺术季"活动，将农村农地与美景艺术结合，打造田园综合体，把艺术植入乡村，用文化艺术浸润乡村。

（三）大力推动乡村精神文明建设

乡村精神文明建设是社会主义新农村建设的重要内容，是在农村弘扬中华优秀传统文化和培育践行社会主义核心价值观的统一，主要内容是树立和营造文明乡风、良好家风、淳朴民风。一是坚持"政府主导、民众参与，以民众为主体"的模式。近年来，随着城乡一体化建设和多产业发展，成都周边农村村民在本地就业数量大，本地村民聚集度远远高于省内其他地区，为政府发挥精神文明建设的主导作用创造了条件。要加大投入力度，加强乡村公共文化设施建设，打造农村"十里文化圈"，尽可能多地实施乡村文化惠民工程，吸引广大村民参与。开展城乡"结对子，种文化"活动，推进文化下乡；兴办乡镇文化站、村文化室和农家书屋，倡导全民阅读，举办文化道德讲堂或经典诵读等活动，培养村民书法、绘画、唱歌、跳舞等文明健康业余爱好；有条件的地方，可常态化组织农村艺术节、艺术展、歌舞比赛、读书月等活动，丰富村民文化生活。二是深度提

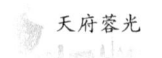

炼乡村熟人社会中蕴含的优良道德规范。在长期农村熟人社会交往中，形成诸多为村民普遍认可，又与社会主义核心价值观相融的道德规范，如乐善好施、互帮互助、长幼有序等行为规范。深化"文明村镇""美丽乡村""文明庭院"创建活动，开展"新家园新生活新风尚"移风易俗主题实践活动；评选表彰环境卫生模范户、邻里和睦文明户、遵纪守法光荣户、五好家庭等，通过选树群众身边实实在在的典型，弘扬真善美的新风气；实施公民道德工程，引导农民爱家爱乡、爱党爱国、孝老爱亲、重信守义等，建立健全农村社区道德评议机制，开展寻找最美乡村教师、医生、大学生村官等活动，开展评选表彰好媳妇、好公婆等活动。三是在潜移默化中培育社会主义核心价值观。以喜闻乐见的形式，常态化开展以爱国主义、集体主义、诚信友善、遵纪守法等为主要内容的社会主义核心价值观教育。

（四）打破地方文化服务乡村振兴制度瓶颈

地方文化助力乡村振兴，要完善体制机制，打通文化服务乡村产业发展、综合治理路径的"最后一公里"。一是完善宏观政策、规划的具体实施细则。成都市在全市层面出台的地方文化助力乡村振兴的政策、规划，落实到各乡镇、村一级应该有具体的、可执行的细则、办法，不能千篇一律，使乡村发展和建设出现同质化现象。应分类指导、因地制宜，在制度指导、激励、应对上有更细致、实在的举措，在产村融合、风貌打造上体现出个性和差异化，在乡村振兴中展现出千姿百态的文化根脉和独特魅力。二是完善乡村文化建设人才、资金引进的机制。仅靠本土人才、资金难以支撑地方文化助力乡村振兴作用的实现，必须依靠外来力量的补充增援。制定完善的引导支持城市工商资本、民间资本投入农村文化建设及产业发展的政策，包括地方文化挖掘整理、开发利用等，以此推动乡村产业振兴、综合治理等。同时，从实际出发制定吸引各类文化传承人、社会知名人士、乡土人才、技术人才、大学毕业生等下乡到村的优惠政策，给他们提供一片充分展示才智的天地和满足生活需求的乐园，让他们来得了、留得住。三是建立一套乡土文化、乡村文化保护传承的规章制度。目前，在乡村文化保护方面做得好些，但在传承利用方面做得还不够。我们既要制定统筹编纂村史村志、建设村史馆等一套可操作制度，也要制定传习培训制度，从政策和财力上予以支持。

第二节　文脉保护：落实保护与发展理念

对一座城市来说，文化是经济社会发展的深厚底蕴，而文脉则是城市发展的根系。城市文脉记录了城市的编年史，诠释着城市的特色，决定了城市的品质，也是城市更新过程中亟待发掘的"金矿"。城市只有在延续文脉中创新发展，在创新发展中延续文脉，才能将历史文化融入现代生活，既让城市能够留下记忆与乡愁，也为发展注入蓬勃朝气和源头活水。《成都历史文化名城保护规划（2019—2035年）》提出将依据文化资源空间分布特征划定市域、中心城区和历史城区三个空间保护层次，明确不同空间层次的保护内容、保护重点及保护主题，以实现历史文化各类资源的全面保护与重点保护。

一、完善顶层设计是历史文化街区保护与更新的基础

从成都宽窄巷子、锦里案例来看，坚实的建筑测绘预评估工作是历史文化街区保护规划科学编制与实施的技术保障，完善编制与管理机制是保护规划实施的法律保障；专家主导、部门协作与公众参与是规划实施的制度保障与动力。这些顶层设计工作是历史文化街区发展的基础。宽窄巷子在2004年就完成了总体规划工作。在保护工作中，首先，成都市加强了保护规划的基础调研工作，一方面建立测绘档案，落实建筑分类分级，另一方面先试点后推广，通过启动"样板区"，最大限度再现历史街区整体风

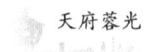

貌，再根据试点情况，及时总结并调整相关工作方法，在实施中完善编制。其次，针对以往保护工作存在的编制主体与实施主体间缺乏有效互动与衔接等问题，由市委、市政府牵头，一是成立各部门参与的"保护与建设工作协调小组"，建立政府统筹、部门协作的协调机制，二是建立以本土专家为主的稳定的专家组制度，主导规划编制与规划实施、参与项目监督，及时解决现场问题，保障整个工作指导思想明确、工作思路连贯、工作方法科学、工作成效经得起历史检验。

二、凝练文化品牌是历史文化街区发展的根基

从市内现有打造情况来看，无论是锦里还是宽窄巷子，都有较成熟的文化品牌。锦里主打三国文化，宽窄巷子主打休闲文化，在建筑空间布局、建筑风貌设计及景观小品、文化符号摆设等细微方面都充分考虑到文化要素的体现，建设之初聘请有资质的设计单位按要求拿出设计方案，通过文化、艺术专家多次论证征求意见，最后选择专业施工队伍进行建设施工。通过色彩、格调的设置，与街区周边景色形成强烈对比。有了文化品牌植入，进而凸显历史文化街区的主题，才会有吸引游客的亮点，才会有让游客回味的主线。

三、市场化运作是历史文化街区有效管理的核心

成都市政府成立了文旅集团管理运营宽窄巷子，事实证明，历史文化街区的保护与更新需要大量的财力、物力。单靠政府财政资金的投入往往杯水车薪，且在程序上、数量上、期限上均存在诸多的障碍。只有成立旅游开发公司或引进开发公司，通过多种渠道吸纳民间资金或银行贷款进行历史街区保护与更新建设，才是短期内有效打造街区的捷径。在历史文化街区后期管理上，坚持政企分离，让更了解市场、更懂得营运的公司团队进行管理与营销，在用人机制、管理模式、薪酬体制上充分按照市场规律进行运作，使历史文化街区旅游产业走上良性发展的轨道。

四、打造独特的旅游产品是历史文化街区发展的关键

锦里和宽窄巷子、文殊坊均为开放式景区，没有门票收入，但它们紧紧依托独特的旅游产品，为街区带来一系列的收入。与锦里一墙之隔的武侯祠，是全国首批重点文物保护单位，虽然门票相对较高，但仍有大量游客慕名前往。而武侯祠内没有吃、住、购功能，锦里正好填补了这一功能，购物、品茶、听戏等旅游产品是锦里的主要内容。

五、非物质文化遗产注入是历史文化街区发展的灵魂

非物质文化遗产是民族精神的延续，是城市发展的灵魂，非物质文化遗产的保护与利用为城市物质文化遗产保护注入了强心剂，成都文殊坊街区招商时注重竹编、漆器等非遗产品的引进，并给予租金优惠。这些非遗产品的引进，延续了城市的文脉，保存与盘活了民族传统，丰富了历史街区的文化内涵，让游人体验式感受到历史街区的文化魅力。

六、注重居民生活的改善是历史文化街区生命延续的源泉

历史文化街区的保护更新是为了保存城市历史文化，延续城市文脉，更深层次上改善街区风貌，推动城市更新升级发展，提升改善当地居民的生活，实现经济效益、社会效益、生态效益的丰收。成都宽窄巷子在保护思路上，通过专业技术机构对整个街区进行多次深入全面的测绘以及对19处重点保护建筑质量安全鉴定工作后，最终决定采取迁出原居民，将该片区功能转型升级，对历史文化街区老房子进行落架大修，尽可能地保留原有尺度与肌理，改善了街区面貌，有效提升了居民生活品质。

第三节 文旅表达：创造舒适与安逸体验

素来以"雪山下的公园城市，烟火里的幸福成都"享誉内外的成都，

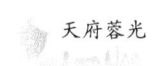

作为古蜀文明发祥地，全国十大古都和首批国家历史文化名城之一，基因里就蕴含着4500多年文明史和2300多年建城史的深厚历史积淀，文化旅游资源丰富。作为集丰富多彩的历史人文之韵和优美独特的自然生态于一体的网红旅游城市，成都丰富的历史文化遗产资源、自然景观资源、红色文化资源、民俗文化资源、大熊猫特色文化资源以及网红打卡IP等新兴文旅资源共同铺就成都文旅融合发展的厚重底色。

一、亟待提升的面向

在文旅表达方面要兼顾舒适与安逸，充分树立产业生态圈思维。构建新型文化消费全链条体系，深挖天府文化时代内涵，释放新型文化消费市场需求，推动文化科技深度融合，提升新型文化消费品牌价值，发挥极核辐射带动作用，推动新型文化消费区域协同，搭建文化传播国际平台，拓展新型文化消费国际潜力，大力推动成都新型文化消费"引进来"和"走出去"。

目前，成都正着力构建"一心两廊三区"的天府文化发展新格局。"一心"即以武侯祠、杜甫草堂、金沙遗址等主城区核心集聚资源，升级打造老字号、大庙会、民间手艺习俗等老成都天府味，讲好诸葛亮、杜甫等历史名人故事，向全球传播成都声音；"两廊"主要依托岷江水系、天府绿道，着力打造精华灌区天府农耕文化展示走廊和天府绿道生态文明走廊；"三区"重点依托龙门山系打造天府传统文化保护展示区，依托龙泉山系打造新时代天府文化展示区，依托平原地带打造多样文化遗产展示区。

文旅表达传播过程不仅是简单的信息传播过程或单向传播，更是基于一定文化语境下的主体间对话，在此过程中彰显出"文化间性"特征。不可否认，地理、人文等附加环境带来的差异是主体间文化传播、文化理解的必然特性，也正因差异决定了不同文化主体间交流的价值。借助媒介化表达的品牌传播实质是主体文化的编码和另一种主体文化的解码，基于不同价值理念带来的传播差异更深层次地体现为文化差异的外显。若要提高成都文旅表达的效果,就要深刻了解主体文化差异,相应地落实到内容表达的思维方式、应然逻辑以及实然举措的三重转变。

二、提升文旅表达能力的主要方向

第一,历史文化名城的文旅表达思维方式存在一定误区。品牌传播媒介化表达过程中,简单偏向于话语输出主体的文化思维,并未关注到同为对话主体的他文化交流者、话语内容在传播过程中的偏离与确认、话语意义的接合状态,这使得真实传播意图在期望空间中传递的可能性极大降低,因为现实文化场景中,传播主体和他者视阈贴合所产生的文化共鸣是双向而非单通路。具体而言,归属于同一文化圈层的主体习惯用近似的思维方式理解、阐释、解决问题,且这种方式会在相同群体中不断再确认,进而通过媒介化传播表达对问题的态度。因此,可以说归属了一种文化就是大致上归属于同一个概念和语言的世界,从而共享共识性世界,并通过同一系统阐释世界。在成都文旅表达中,因为文化差异性的存在与主体使用的语言与概念指称系统相异,媒介化表达并不一定能够准确实现它的初始意义,在意义的传播与理解层面呈现出相当的复杂性。媒介化表达所承载的意义只有部分被受众吸收接纳。

第二,基于文化间性的互嵌式媒介化表达是改进文旅表达的应然逻辑之一。博弈论中强调输赢带来地位上的优越与否,而今天所生活的平行网络社会中,开放共存就本身而言才是一种胜利。与其说开放共赢是一种现代社会生活网络社会生活当中的应然逻辑,开放共存的文化间性才是一种实然的应对方式。从实然举措来看,应采取文化互嵌型共创模式。移动互联网的去中心化趋势愈加明显,媒体渠道中心化结构进一步瓦解,一家独大的媒体中心不复存在,成都文旅表达从渠道上来看并未把握不同文化主体对媒介的种类需求;从传播内容上来看,通过文化互嵌形的共创内容发布如多主体传播格局、多爆点内容营销、直播短视频和深度原始长文等建筑文化间性空间。围绕与文化旅游、工业旅游、农业旅游、康养运动等项

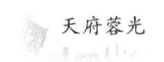

目的融合，打造一批极具体验感和高品质的文化服务项目，让文化遗产、电视电影、动漫动画等突破固有的边界和限制，更加深入、更加广泛地融入社会生活的各个领域，让文化消费体系成为承载城市未来发展的纽带。目前，手机、互联网的普及，让文化消费不再限于实体空间。以互联网为载体的内容传播占据半壁江山，网游、直播和短视频等产业更是异军突起，成为文化消费的重要阵地。近年来，成都金沙遗址博物馆通过对游客参观前、参观中和参观后三个维度的创新提升，吸引游客走进博物馆，体验文化魅力，了解文化内涵，从而乐于多次进行文化消费。成都金沙遗址博物馆邀请网络红人，通过照片、短视频的方式打卡馆内特色景观，在马蜂窝、携程等口碑类平台形成传播合力，让博物馆的潜在观众走进博物馆，了解天府文化。在新型消费体系下，传统的文旅项目"吃、购、娱"所占的比重将越来越低。在这一趋势下，消费、文化与旅游等会打破壁垒、突破边界，深度融合将成为必然。

第四节　形象传播：建构可信可爱可敬形象

一、亟待提升的面向

（一）现有传播渠道较为单一

移动互联网及移动终端的大发展直接刺激了移动终端以及 App 的革新，朝着优化用户体验的方向发展。融媒体终端顺应了消费者体验需求，在与公众良性互动的过程中深刻地影响网民的媒介感官，随着其功能的完善，逐渐成为其生活的重要组成部分。正如麦克卢汉所言，跳脱出了媒介作为信息载体的工具属性，成为影响人本身的一种重要内容。[1] 在成都国

---

[1] 麦克卢汉：《理解媒介》，译林出版社 2011 年版，第 72 页。

际传播实践中，传播的内容与信息虽然带有鲜明的时代特色，但核心观念与主流价值观并未始终保持一致，因此很大程度上正是源于媒介融合带来的媒介形式多元化与更新换代造成传播效能差异。国际传播可以充分打破地缘、业缘的传播范畴，尤其是 AI、AR、VR 技术的发展，为城市国际传播提供了信息同步、类型新颖的传播体验。当下传播渠道亟待丰富，特别是需要拓宽与国外的合作渠道。与国际主流媒体、专业领域媒体的合作力度仍需加强，现有合作形式较为传统，仍以报纸、网站发稿为主，无法迎合当下国际受众，特别是年轻群体的信息获取习惯。对国际主流智库、国际文学影视手段等渠道的开拓力度不够，未能形成具有成都显著特色的国际大 IP。此外，在国际互联网社交平台上的成都话题不多，讲述成都故事、传播天府文化的声音还需进一步放大。

（二）议题设置吸引力不足

媒介与人的单向传播模式越发松动。随着互联网的发展，信息传播由定向单向转至多向互动，缓解了强势群体的话语权垄断，话语权沉降成为了普通公众获得"光明"主动权的前提，主动介入的趋势目前来看仍会继续发展增强。虽然新媒体时代话语权的不平等仍然存在，公众的话语权仍被媒体平台和具有相当影响力的"意见领袖"所压制，但话语权的沉降给了话语权弱势群体反抗的权利，使媒体不再占据话语权的强势垄断地位，舆论不再始终保持风向一致，创造出多元繁荣的传播生态。移动互联传播可以说是完全开放的，信息可以共享、任何人都可以广泛参与是其基本特点。媒介所发布的信息面向广大网友，为尽可能多的社会公众提供他们所需的信息内容。人们可以在任何时间、任何地点通过任何方式获取自身所需要的信息，且这种信息是无门槛的，信息资源可以实现全面共享。传受主体变得多元化意味着信息的开放选择，公众选择获取信息的自由度逐渐增强。开放平等的网络特性增强了广大公众参与社会事务、发表意见观点的自信心和积极性，使公众的心理恐惧感逐渐降低，敢于发声、意见表达

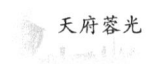

更加活跃。越来越多的人积极主动地在社会事务中发表意见、提出建议，行使自己的权利，个体意见表达的活跃度逐渐提升。公众敢于发表个人意见观点、主导交流进程，积极主动地对某些现象或事件进行追踪了解，会不断形成新的热点和话题，引发更多个体的关注、探讨和传播。如何以国际受众习惯的方式获取全球注意力、话语姿态如何国际化尚未破题。成都在进行城市形象国际传播的实际工作中，常常出现实际效果未能完全满足传播诉求的情况。造成这一困境的主要原因在于传播者对国际受众的认识和研究不足，往往是从自身的主观角度出发选择素材，未能充分从受众的需求角度出发设置合适的议题，无法引起受众的兴趣与共鸣。

（三）人才储备不够充分

从数字社会到数字文明社会，技术逻辑所呈现的景观意义实际上改变、重构和完善了产业业态发展模式。从线性到非线性的思维，深度媒介化技术环境提供给公众体验、多元和自由的超现实世界。换句话讲，先进技术环境下将进一步加速传播融合趋势和融合逻辑。在此背景下，当下的专业人才如无法通过同样借助技术作为沟通环境接入全新国际传播融合逻辑则会出现与实践脱节的负面效果。外宣版块缺乏足够的国际传播人才，尤其是既熟悉新闻运作和营销整合，又掌握社交媒体技巧和跨文化沟通，同时具有国际视野并熟练使用外语的专业人才。"五外联动"其他四个板块中也存在负责宣传工作的人员专业性不强的问题，难以对国际传播的内容提供足够支撑。与此同时，各政府板块、部门在日常宣传培训中涉及国际传播的相关内容较少，培训课程设置与工作实际需求无法匹配，难以给予指导性帮助。

（四）传播主体统筹不均

麦克卢汉"媒介是人体的延伸"观点强调人们对于媒介本身的接触与体验，媒介通过人的使用与体验深刻地改变了人的存在方式，重建了人的感觉方式和对待世界的态度。尤其是在移动互联时代，数字化融媒体的互动性在更高的层面重新诠释了这种媒介之于人的影响，将媒介的作用发挥得更加淋漓尽致。移动互联媒体之于国际传播的关系桥接作用一方面体现在对网民意识的塑造与再造。网民们不断通过社交平台如微信、QQ、微博、小红书等确认着世界，又反向加深了这个世界的数字化认知。媒介是虚化的、但体验感和对生活的再指导却是深刻真实的。换句话说，网民在选择了此类信息旅程的环节中会受到自体、他者、环境的共同作用力，通过移动媒体的信息加工产生贴合或逆反的既有认知，可将其称之为中介性的记忆塑造。另一方面，当公众长期浸润在移动网络塑造出的城市"拟态环境"中，其现实生活中的社会关联、情绪共振与行为指向等都会间接作用于与其有网络链接关系的主体之上，进而完成对整体社会关系桥接的中介性作用力。移动互联网通过互动的属性和互构的方式实现不同代际、不同物理时空、不同民族文化背景公众的价值聚合，将分散在不同时空中的集体民族认知唤醒，构建出一个横跨时空的记忆空间，在这个记忆场域里，不同年龄、不同阅历的公众都会因为相同的价值观彼此联结，构建出稳定认知空间，所以需要充分激活多元传播主体的强大功能。当下国际传播的本位仍旧是政府端，每个板块的负责部门习惯性将工作重心放在自己的板块或两至三个板块，通常存在部门间统筹不均的情况，如负责外宣的部门可能与负责外事、外贸的部门沟通较多，而与负责外资、外经的部门联动不足，没有形成有效合力，导致机制能效未能充分发挥。

二、提升成都形象传播能力的主要方向

按照中央对外宣传总体部署，持续深入学习习近平总书记关于对外宣传工作的重要论述，贯彻落实党的二十大重要精神，聚焦省委、省政府中心工作，用好城市资源，讲出讲好城市故事，需要更为精准定位城市国际形象，全面对标上海、北京等城市，加强国际传播顶层设计，深入推进重塑外宣业务、重整外宣流程、重构外宣格局，充分发挥全市对外宣传工作

领导小组统筹作用,用好"五外联动"机制。向上争取国家级对外话语创新支撑平台建设资质,提升成都国际传播能级。

(一)主动设置议题联动开展外宣

一是围绕市委中心工作和全市重大工作,聚焦建设践行新发展理念的公园城市示范区,着力展示成都厚植生态本底,建设城市绿道体系,实施生态蓝网加快公园城市建设,书写人与自然和谐共生新篇章。二是讲好成都产业高质量发展故事,宣传成都产业建圈强链,不断提升开放型经济水平,招引重大外资项目、国际知名物流企业和加工贸易企业,全面推进经贸往来和国际交流。三是讲好成都企业高质量发展故事,大力宣传创新提供仓单融资、订单融资等金融产品,推动国际供应链贸易型龙头企业扩大在蓉布局,全力帮助企业拓市场、扩出口,展示成都企业活力和韧性。四是讲好成都文化交流对外开放故事,协同相关部门宣传成都与"一带一路"共建国家和地区经贸合作、对外开放中心建设,做好熊猫记者系列活动、成都国际友城青年音乐周、成都熊猫国际美食荟等外宣,展现城市自信开放包容。踩实踩准重点工作时间节点,协调中央涉外媒体,围绕"雪山下的公园城市""四中心一枢纽一名城""三城三都""大熊猫之都"等城市标签,推出国际传播精品报道,同时围绕世界科幻大会、世界园艺博览会等重大主题,精准实施城市形象推广。升级成都(国际)童声合唱音乐周、"熊猫记者"、"成都媒体访友城"等品牌活动,策划实施"国际主流媒体采风行"等感知成都活动。依托世界文化名城建设,统筹全市"五外联动"部门,整合全市涉外资源,深化与海外中国文化中心及中外语言文化交流合作中心内容供给机制,开展城市美誉度宣传。

(二)全面拓宽国际传播渠道

一是积极联络国际媒体,既要重点把握主流媒体,也要兼顾分众化媒体,开展各类合作协作,借口发声,覆盖更广阔的国际受众,扩大城市国际影响力。二是借力国家高端外访等高级活动平台，携手央级媒体驻外机构，充分用好海外成熟渠道，借船出海，在更高层面传播成都。三是做大做强成都国际传播矩阵，强化每日经济新闻英文网站、GoChengdu 网站、HELLO Chengdu 杂志英文内容生产，提档升级，向世界发出成都本土声音。四是广泛发动社会力量，支持企业、学校、社会机构等成为传播主体，使传播内容更加多样化、多元化，壮大成都城市形象传播阵营。

（三）深度融入国际互联网社交平台

继续用好中央涉外媒体成熟渠道，拓展权威品牌栏目。深化"手拉手"机制，依托市级外语媒体拓展国际主流媒体资源渠道。持续推动市级外语媒体提能升级，夯实"海外社交平台粉丝增长计划"，确保在优兔、照片墙等海外社交账号粉丝量继续排名全国前列，积极开设抖音国际版、推特等平台账号。一是持续提高市级外语媒体海外社交账号影响力，推动更多区（市）县和涉外部门政务媒体走进国际互联网。引导本地特色化国际社区，在海外社交平台打造"成都国际社区 IP"，推动本地国际社区与海外国际社区建立合作交流机制。二是充分运用互联网社交平台海量生活化话题契合成都生活城市特质，在国际互联网策划更多成都话题，形成网络影响。探索应用 ChatGPT 等人工智能新兴技术，充分应用数据挖掘、机器写作、精准推送等方式扩大宣传。三是提高互联网应用研究能力，用好网络等技术建立可持续跟踪的传播效果评估体系，建立"监测—分析—评估—优化"的传播反馈流程，提高传播精准度。

（四）积极培育国际传播骨干人才队伍

一是创新人才招引激励机制，从全国知名国际传播公司、咨询机构柔性引进高级人才，对稀缺人才量身定制针对性支持政策。从在蓉外籍人士、行业精英、自媒体"大V"中"招兵买马"，培育讲好成都故事的人才。二是常态化开展业务培训，实施全市国际传播骨干培养计划，提高对

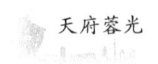

外宣传和跨文化传播人才综合素养和业务能力。三是夯实人才多方协作培养机制，推动与重点媒体、智库、国际机构等深度合作，建立国际传播骨干上派中央涉外媒体跟班学习锻炼机制。

（五）多领域建立国际高端"朋友圈"

一是构建一个国际智库"朋友圈"，可依托每日经济新闻智库等媒体智库，围绕城市规划、宜居宜业、文化体育等领域，合作编制专业类研究报告，展示成都在产业、文化、环境等方面的优势。二是构建一个国际知名高校"朋友圈"，在海内外联合开展线上线下文化沙龙，向青年学子介绍推荐成都，吸引更多国际人才来蓉。三是构建一个国际顶级学者"朋友圈"，邀请相关国际学者、专家等到成都实地调研，举办研讨会及讲座，将更多国际先进前沿理念和经验带到成都。

参考文献

［1］中共中央文献研究室. 习近平关于社会主义文化建设论述摘编［M］. 北京：中央文献出版社，2017.

［2］人民日报评论部. 深入学习贯彻习近平总书记在文化传承发展座谈会上的重要讲话精神［M］. 北京：人民出版社，2023.

［3］中共中央党史和文献研究院. 习近平关于社会主义精神文明建设论述摘编［M］. 北京：中央文献出版社，2022.

［4］人民日报理论部. 怎样理解和建设中华民族现代文明［M］. 北京：人民日报出版社，2023.

［5］新华社"第二个结合"课题组. 改变中国的"第二个结合"：建设中华民族现代文明的理论创新与实践［M］. 北京：新华出版社，2023.

［6］意娜. 文化强国［M］. 北京：人民日报出版社，2023.

［7］高宏存. 文化强国建设与中国式现代化［M］. 北京：人民出版社，2023.

［8］袁庭栋. 巴蜀文化志［M］. 成都：四川人民出版社，2022.

［9］李果. 寻城记：成都［M］. 北京：商务印书馆，2014.

［10］何一民. 成都简史［M］. 成都：四川人民出版社，2018.

［11］林赶秋. 古书中的成都［M］. 成都：成都时代出版社，2019.

［12］尹宏. 世界文化名城评价研究［M］. 北京：中国社会科学出版

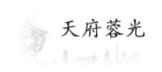

社，2023.

［13］胡越英，冯婵，孙艳，等．文化创新：世界文化名城的成都实践［M］．成都：四川大学出版社，2022.

［14］天府文化研究院．成都走向世界文化名城之路［M］．成都：四川大学出版社，2022.

［15］尹宏，邓智团，余梦秋．世界文化名城理论经验与成都实践［M］．北京：中国社会科学出版社，2020.

［16］当代中国与世界研究院．人工智能时代的国际传播［M］．北京：外文出版社，2024.

［17］李牧．遗产的旅行：中国非遗的北美之路［M］．北京：中国社会科学出版社，2022.

［18］［美］约翰·杜翰姆·彼得斯．对空言说：传播的观念史［M］．邓建国，译．上海：上海译文出版社，2017.

［19］［英］约翰·斯道雷．文化理论与大众文化导论（第九版）［M］．常江，田浩，译．北京：北京大学出版社，2024.

［20］［美］拉里·萨莫瓦尔等．跨文化交际（第九版）［M］．董晓波，译．北京：北京大学出版社，2021.

［21］［英］斯图亚特·霍尔．表征：文化表征与意指实践［M］．徐亮等，译．北京：商务印书馆，2013.

［22］习近平．坚定文化自信，建设社会主义文化强国［J］．实践（思想理论版），2019（7）.

［23］云杉．文化自觉文化自信文化自强：对繁荣发展中国特色社会主义文化的思考（下）［J］．红旗文稿，2010（17）.

［24］赵付科，孙道壮．习近平文化自信观论析［J］．社会主义研究，2016（5）.

［25］刘明阁．论民俗类非物质文化遗产的传承、保护和利用［J］．江汉论坛，2012（10）.

[26] 刘敏. 青岛历史文化名城价值评价与文化生态保护更新 [D]. 重庆：重庆大学，2004.

[27] 石亚灵，肖亮，杨林川，等. 中西历史文化名城保护历程、理论与方法的回顾与展望 [J]. 规划师，2023（1）.

[28] 陈双辰，盛哲清，张亚宣. 千年一脉、多元一体与载体例证：历史文化名城的价值分析方法与体系建构 [J]. 城市规划，2022（S2）.

[29] 蔡尚伟. 天府文化的历史韵味与时代表达 [J]. 人民论坛，2019（15）.

[30] 陈继勇，王保双. 世界文化名城发展经验及其对文明武汉建设的启示 [J]. 湖北社会科学，2013（11）.

[31] 单霁翔. 民俗文化遗产保护、传承与民俗博物馆建设 [J]. 民俗研究，2013（4）.

[32] 李世佳. 天府之根：宝墩文化述略 [J]. 天府新论，2023（2）.

[33] 石硕，王志. 论天府文化的兼容特点：兼论成都在汉藏交流中的连接枢纽作用 [J]. 西南民族大学学报（人文社科版），2018（2）.

[34] 庹祖海. 文化高质量发展的三重维度及其评估现状论析 [J]. 学术论坛，2024（2）.

[35] 于安龙. 习近平文化思想的理论意涵与实践特质 [J]. 探索，2024（1）.

[36] 戴佳朋. 中国特色社会主义文化的哲学智慧及其发展结构 [J]. 社会科学家，2023（9）.

[37] 谢瑞武. 处理"六大关系"，营造"六个场景"：超大特大城市背景下现代乡村规划建设的成都实践 [J]. 城市规划，2023（3）.

[38] 徐翠蓉，赵玉宗，高洁. 国内外文旅融合研究进展与启示：一个文献综述 [J]. 旅游学刊，2020（8）.

[39] 张祝平. 以文旅融合理念推动乡村旅游高质量发展：形成逻辑与路径选择 [J]. 南京社会科学，2021（7）.

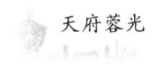

[40] 傅才武，王昇凡．场景视阈下城市夜间文旅消费空间研究：基于长沙超级文和友文化场景的透视［J］．武汉大学学报（哲学社会科学版），2021（6）．

[41] 徐占忱．讲好中国故事的现实困难与破解之策［J］．社会主义研究，2014（3）．

[42] 于洋，姜飞．国际跨文化传播研究新特征和新趋势［J］．国际新闻界，2021（1）．

[43] 胡翼青，张婧妍．作为媒介的城市：城市传播研究的第三种范式——基于物质性的视角［J］．福建师范大学学报（哲学社会科学版），2021（6）．

[44] 金圣钧，李江梅，李宇皓，等．空间漫游与想象生产：在线影像中"网红城市"的媒介化建构［J］．新闻与传播研究，2023（5）．

[45] 郑保卫，郑权．习近平新闻工作重要论述的时代特征、理论精要与实践路径：兼谈学习贯彻习近平文化思想［J］．现代传播（中国传媒大学学报），2023（12）．

后　记

　　树高千尺有根，水流万里有源。一个民族，只有文化繁荣展示出比物质和资本更强大的力量，才能造就更大的文明进步；一个国家，只有经济发展体现出持续深厚的文化品格，才能进入更高的发展阶段。中华五千年文明留下的历史文化遗产，正如"源头活水"般滋养着华夏大地，指引我们从历史长河中汲取文化自信的力量，闪烁出文明之光照耀中华民族复兴之路。

　　重视文化建设是习近平总书记一以贯之的理念。2023年7月，习近平总书记来川视察，在广元市剑阁县翠云廊嘱咐当地负责同志，要把古树名木保护好，把中华优秀传统文化传承好。在德阳市广汉市三星堆遗址，他指出文物保护修复是一项长期任务，要加大国家支持力度，加强人才队伍建设，发扬严谨细致的工匠精神，一件一件来，久久为功，作出更大成绩。在成都第三十一届世界大学生夏季运动会开幕式欢迎宴会上，他指出："益，古大都会也。有江山之雄，有文物之盛。成都是历史文化名城，自古就是中外交流的枢纽，是西南丝绸之路上的明珠。如今，成都是中国最具活力和幸福感的城市之一。拥有2300多年建城史的成都因海纳百川、兼容并蓄而始终保持经济发展、文化繁荣。欢迎大家到成都街头走走看看，体验并分享中国式现代化的万千气象。"

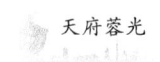

新时代新征程，成都亟须加快建设彰显天府文化特色的世界文化名城，切实把思想和行动统一到习近平总书记来川视察重要指示精神上来，不断深化对文化建设的规律性认识与实践，以文化为根，焕发新时代的"天府蓉光"。

本书是2023年中共成都市委党校学习贯彻习近平总书记来川视察重要指示精神重大专项课题"加快建设彰显天府文化特色的世界文化名城研究"最新成果，重点围绕建设天府文化特色的世界文化名城理论阐释展开论述，通过国内外世界文化名城打造经验的对比，结合天府文化历史赓续、成都历史文脉保护、新时代文化空间再塑、成都国际传播现状与效能等多方面，为成都优化世界文化名城打造方式与路径提供重要决策参考价值的政策建议。参与本书案例调研、编写及修改的工作人员分工如下：

主笔方贤洁，本项目的课题负责人，负责全书的体例审阅和修订，并撰写主要章节。

前言、第一章"建设天府文化特色的世界文化名城理论阐释"、第七章"格局优化：加快建设彰显天府文化特色的世界文化名城"由方贤洁［中共成都市委党校（成都行政学院）］撰写。

第二章"他山之石：国内外世界文化名城打造经验"由祁祁［中共成都市委党校（成都行政学院）］撰写。

第三章"历史赓续：成都世界文化名城建设中的天府文脉"由郭裔希［中共眉山市委党校（眉山行政学院）］撰写。

第四章"文脉保护：成都历史文化遗产的保护与更新"由罗颖［中共成都市委党校（成都行政学院）］撰写。

第五章"空间再塑：休闲之都与文旅体产业融合发展"由杨恋［中共成都市委党校（成都行政学院）］撰写。

第六章"讲好故事：成就梦想与'来了就不想走'"由杨品雪（中共成都市温江区委党校）撰写。

后 记

本书出版之际，衷心感谢中共成都市委党校科研处及国家行政学院出版社对本书给予的大力支持，高质量完成了本书出版工作。成都市委宣传部、成都市文广旅局等单位也给予了支持保障，谨对所有给予本书帮助支持的单位和同志表示衷心感谢。本书编写组虽尽最大努力，仍难免有挂一漏万之处，谨以此书以飨诸君兼请指正。